N° ....

REVUE

DES COMÉDIENS.

Revue des Comédiens, 2 vol. in-18, 3 fr. 60 cent., et 4 fr. 50 cent. francs de port.

„ La Critique présente aux Acteurs
„ le miroir de la vérité, et foule aux
„ pieds les atributs de la Satyre et de
„ la flaterie ? „

REVUE
DES COMÉDIENS,

OU

CRITIQUE RAISONNÉE

DE

TOUS LES ACTEURS, DANSEURS ET MIMES DE LA CAPITALE.

PAR M.***, VIEUX COMÉDIEN;

ET PAR L'AUTEUR DE LA LORGNETTE DES SPECTACLES.

TOME PREMIER.

A PARIS,

CHEZ FAVRE, LIBRAIRE, GALERIE DE BOIS, CÔTÉ DU JARDIN, N.° 263.

1808.

AVIS DU LIBRAIRE.

Ce petit Ouvrage, qui est excellent, et vous pouvez m'en croire, devoit paroître il y a au moins six mois ; on s'en apercevra facilement à plusieurs articles du premier volume, articles dont j'aurois nécessairement réformé ou rajusté quelques phrases, s'ils n'avoient déjà été mis sous presse et *tirés* à un assez grand nombre d'exemplaires.

J'avois eu le malheur de m'adresser, pour *la copie*, au plus paresseux et au plus négligent de tous les auteurs. Ne voilà-t-il pas qu'au beau milieu de l'opération, ce diable d'homme me laisse-là, moi et mon livre, disant pour s'excuser qu'il lui étoit survenu inopinément je ne sais quelle indisposition, une fièvre putride et maligne qui le forçoit de suspendre ses travaux; moi, naturellement complaisant, et espérant d'ailleurs que l'affaire ne tireroit pas en longueur, j'ai eu la simplicité d'attendre; on est toujours dupe de sa bonté. Qu'est-il arrivé? mon homme est mort, il est mort sur l'article de M.lle Gros, qu'il n'a pas même eu le temps d'achever; et avant qu'il m'eût été possible de lui trouver un successeur, deux acteurs, deux actrices et une chanteuse, portés comme vivans sur son contrôle, l'avoient déjà suivi dans l'autre monde. Tout ces gens-là s'étoient donné le mot pour me faire perdre mon temps et ma peine.

Ne vous récriez donc pas trop, Messieurs, si vous me voyez passer en revue des Comédiens qui n'existent plus, tels que M.lle *Caroline*, M.lle *Desroziers*, M. *Amiel*; ou qui ont abandonné la carrière, comme vient de faire M. *Bosset*, du théâtre de l'Impératrice, etc. Je vous promets, foi de Libraire, de rayer exactement leurs noms à la première, ou pour mieux dire à la seconde édition que je donnerai de cet excellent livre; à bien examiner la chose, d'ailleurs, elle ne tire guère à conséquence; on ne peut me reprocher que du superflu, et suivant un vieux principe de droit, *ce qui abonde ne vicie pas.*

Vous allez me demander, maintenant, le nom de ce prosateur maladroit qui m'a si gauchement mis dans l'embarras; vous voudrez même connoître son continuateur, afin de juger tout de suite et par conjecture si l'Ouvrage est bon ou mauvais. Eh bien, soit; devinez à votre aise.

Le défunt n'étoit autre que ce VIEUX COMÉDIEN qui, dans je ne sais quelle feuille publique exprimoit assez librement, dit-on, son opinion sur les acteurs et les pièces modernes : il est mort, Dieu veuille avoir son ame.

Le continuateur ne peut être désigné que par le titre d'auteur de la *Lorgnette des Spectacles*, livre qui parut il y a environ six ans, pour la damnation et la désolation des mauvais Comédiens, et dont j'ai vendu, je vous l'avoue, un assez bon nombre d'exemplaires. Tout ce que je souhaite pour ma pauvre *Revue*, c'est qu'elle ait le sort de cette même Lorgnette dont elle est, pour ainsi dire, une nouvelle édition (sans qu'il y ait toutefois une page de l'une transportée dans l'autre). JE N'EN DIRAI RIEN A L'AUTEUR, mais que le ciel me fasse la grace de traiter la seconde comme la première, et je n'aurai pas perdu mes avances.

On trouvera à la suite de cet Avis un chapitre supplémentaire qui réparera quelques omissions, et me mettra du moins à l'abri du reproche de négligence.

Il ne me reste maintenant, Messieurs, qu'à remercier d'avance et suivant le protocole des Libraires honnêtes, les journalistes éclairés qui m'honoreront de leurs critiques, supposé que cet ouvrage en soit digne (ce dont je ne doute pas). J'espère qu'elles seront présentées avec cette politesse et ces ménagemens délicats qui distinguent aujourd'hui les articles de MM... et.... *Le flambeau de la critique doit jeter une lumière douce et pure qui éclaire, et ne pas ressembler à ces miroirs ardens dont la flamme blesse et dévore.* Si ce n'est point là une pensée bien neuve, c'est du moins une très-bonne maxime, et pour en mériter l'application, les deux auteurs de mon ouvrage l'ont scrupuleusement mise en pratique.

ARTICLES SUPPLÉMENTAIRES.

ALEXANDRE.

Académie Impériale de Musique.

Cet élève du Conservatoire, qui a débuté avec quelque succès par le rôle de Thésée (d'Œdipe à Colone), n'a pas néanmoins été reçu, et l'on a même sujet de croire qu'il renonce entièrement à la scène tragi-lyrique; s'il en est ainsi, M. Alexandre n'est plus notre justiciable, et toute critique de son talent seroit pour le moins superflue.

AMÉNAÏDE (Delaruelle).

Théâtres divers.

Elle a joué avec quelque succès le rôle de *Médée*, dans la tragédie anglaise de ce nom, qui fut représentée il y a quelques mois au théâtre des Variétés Étrangères.

Taille colossale, beauté d'un genre mâle et sévère ; talent qui auroit pu briller il y a douze ou quinze ans au Théâtre Français, et dont M.lle Raucour auroit peut-être pris ombrage s'il avoit été cultivé plutôt ou avec plus de soin.

Ce n'est pas de cette Aménaïde que Voltaire disoit, par la bouche de Tancrède :

> Je pensois, sur le bruit de son nom glorieux,
> Que si la vertu même habitoit sur la terre,
> Le cœur d'*Aménaïde* etoit son sanctuaire.

Nous croyons devoir faire cette observation pour éviter une méprise aux historiens de notre théâtre.

ANGELINA.

Théâtre des Variétés.

« Voyons toujours ; le nom ne fait rien à l'affaire. »

On pourroit s'appeler *Angelina*, c'est-à-dire du nom le plus séduisant, et n'être qu'une actrice médiocre ; mais la très-jeune personne dont il s'agit ici, a pour faire excuser la foiblesse de son talent dramatique, son joli défaut d'expérience, qui est presque une qualité aux yeux de certaines gens ; et l'on peut dire que son talent pour le chant est un assez bon dédommagement de ce qui lui manque pour la comédie ;

elle chante surtout l'italien avec une légèreté et une grace exquises.

ARMAND.

Théâtre Français.

Depuis l'impression de cet ouvrage, Armand a joué quelques rôles difficiles d'une manière satisfaisante, entr'autres le *comte Almaviva*, du Barbier de Séville. Michelot est là qui lui porte ombrage ; et la présence de ce rival, en le forçant de travailler, lui rend peut-être le même service que Lafond a rendu à Talma. Allons, jeunes gens, de l'émulation. Les succès faciles ne durent pas.

ARMAND. (Joséphine)

Académie Impériale de Musique.

Fille et élève d'un ancien musicien de la chapelle du Roi, aujourd'hui attaché à l'orchestre de l'Opéra ; proche parente de M.lle *Armand*, l'une de nos plus célèbres cantatrices.

Figure gracieuse, taille élégante ; sa voix, un peu foible dans le médium, a beaucoup d'étendue, de finesse et de pureté dans le haut ; et son chant unit l'expresion la plus vraie à la simplicité la plus scrupuleuse.

Comme actrice, elle a encore besoin d'indulgence.

AUGUSTA.

Vaudeville.

Jeune sœur de M.lle Minette. — Novice dont on ne peut rien dire.

BARILLI. (M.me)

Opéra-Buffa.

Admirable cantatrice. Sa voix est d'une pureté, d'une douceur exquises. Il seroit à désirer qu'elle jouât aussi bien qu'elle chante.

BERVILLE (M.lle)

Théâtre de l'Ambigu-Comique.

Fille de l'acteur du même nom. On assure qu'elle compte à peine 18 ans. Prononciation nette et bien articulée ; organe flatteur, tenue modeste et beaucoup de sensibilité. Des espérances.

BONEL.

Académie Impériale de Musique.

Forte basse-taille. Assez bonne méthode de chant ; mais il manque de représentation.

Ses débuts, néanmoins, donnent de l'espérance.

DEGOTY. (M.lle)

Théâtre de l'Impératrice.

Elève de M. Dupuis-des-Islets.

Lorsque M.lle Degotty débuta aux Français par le rôle d'Adélaïde Du Guesclin, on la chicana sur son âge. Un journaliste peu versé dans l'art de la physionomie, s'avisa de dire étourdîment :

« . . . . Deux XX avec un sept
» Composent l'âge heureux de ce divin objet. »

Ce qui signifioit assez clairement qu'elle avoit vingt-sept ans ; la débutante, outrée d'une pareille assertion, se hâta de confondre l'imposture, par l'exhibition d'un acte de naissance bien et dûment collationné ; notre mauvais physionomiste, tout honteux, s'excusa de sa méprise sur ce qu'*être* et *paroître* n'étoient probablement pas synonymes, et se hâta de réparer le dommage par cette autre version :

« . . . . Deux XX avec deux
De ce divin objet composent l'âge heureux.

Mais le premier coup étoit porté, et l'acte de naissance de M.lle Degotty n'eût-il plus alors accusé que trois lustres, tout Paris se seroit obstiné à voir en elle une beauté de 25 ans au moins, tant il est juste de dire avec Boileau :

« Le vrai peut quelquefois n'être pas vraisemblable. »

Heureusement l'*âge ne fait rien à l'affaire*; c'est le talent qu'il faut juger, et à cet égard M.lle *Degotty* n'a point à se plaindre de son partage ; on voit qu'elle a reçu une bonne éducation ; sa diction est pure et soignée ; son maintien décent, son débit facile et varié ; je dois même avouer que si les traits de son visage ne semblent pas tout-à-fait d'accord avec son extrait de baptême, l'ensemble en est fort agréable, et que sa taille et sa physionomie conviennent parfaitement à la scène.

Il faut dire aussi que M.lle *Degotty* est incomparablement mieux placée au théâtre de l'Impératrice, à côté de M.lle Delille, qu'elle ne le seroit aux Français dans la tragédie, entre M.lles Georges et Duchesnois.

DERNEVILLE. (M.me)

Vaudeville.

Taille élégante, belle tournure ; regard vif et plein d'expression ; elle est la Vénus du Vaudeville. Quelques auditeurs difficiles lui reprochent de ne pas chanter *juste* ; je voudrais bien leur dire que : c'est *faux* ; mais pourquoi leur donner de mes jugemens, l'opinion qu'ils ont de sa voix ?

Rien n'est beau que le vrai, le vrai seul est aimable.

DESESSARTS. (Eugène)

Opéra - Comique Feydeau.

Je n'ai fait que passer, il n'étoit déjà plus.

Cet acteur, qui débuta le 12 mars 1807, par les rôles du *Sylvain* dans l'opéra de ce nom, et de *Titzikan* dans *Lodoïska*, n'a pas fait depuis d'autre tentative. Il seroit peu convenable à moi de le juger sur cette seule *apparition*.

DUVAL. (M.lle)

Opéra - Comique Feydeau.

Jeune élève de Gaveaux, Sa jolie voix n'est

pas formée, et il seroit à craindre qu'en voulant la forcer, elle n'en altérât la fraîcheur. M.lle Duval est une novice très-intéressante, mais sur le talent de laquelle il faut encore s'abstenir de prononcer.

GREVIN.

Ambigu-Comique.

Ce jeune homme, qui débuta l'année dernière à l'ambigu-Comique, est au jugement des amateurs, une bonne acquisition pour M. *Corse.*

HENRY.

Théâtre Français.

Elève de *Florence* et de *Lafond.* Il est assez bien à la scène, et paroît avoir de la chaleur; mais son débit a besoin d'être réglé; il faut surtout qu'on lui apprenne à ménager ses gestes, qui manquent souvent de grace et de vérité.

HORDÉ. (M.lle)

Théâtres divers.

Cette actrice, qui se croyoit appelée à jouer la tragédie, a débuté avec peu de succès au Théâtre Français de Versailles, qui est en quelque sorte une succursale de celui de Paris ; et ce fâcheux essai n'a pas eu de suite. Elle s'en est dédommagée en faisant réussir au théâtre de la Porte-St.-Martin, un mélodrame renforcé auquel elle daigna mettre son nom.

JOANNY.

Ci-devant au Théâtre Français.

Cet acteur du théâtre de Lyon a de la chaleur et de la force ; mais il ne règle pas toujours avec art l'emploi de ses moyens physiques, et l'on trouve qu'il joue trop souvent la tragédie dans le genre du mélodrame.

LOASON-SAINT-ALBE. (M.me)

Théâtre Français.

La nature, qui a fait de cette actrice une très-jolie femme, ne lui a peut-être pas donné toute la force nécessaire pour s'élever au-dessus du médiocre dans les rôles de *grandes princesses tragiques* ; mais il seroit injuste de ne pas reconnoître dans sa diction des nuances fines et variées. M.me *Loason-Saint-Albe* est suivant l'expression des comédiens, une *diseuse* d'un grand mérite ; et l'on en peut conclure qu'elle rempliroit avec un avantage tout particulier l'emploi des confidentes tragiques.

MÉRANTE.

Ballets de l'Académie Impériale de Musique.

Jambes d'Hercule ; buste médiocre ; petits bras et maigre figure. Il a du feu, de la vigueur, et même ce qu'en style de danseur on appelle de l'élévation. On lui désireroit plus de légèreté, d'adresse et de fini. Sa danse n'a point assez de prestige, mais il peut la perfectionner.

PELET. (M.lle)

Opéra-Comique-Feydeau.

Cette cantatrice a une belle voix d'opéra qu'elle ne maîtrise pas toujours comme elle le voudroit. Son jeu est exact est décent ; mais c'est tout ce qu'on en peut dire.

PRUDENT.

Ambigu-Comique

A peine âgé de 16 ans il a déjà beaucoup d'habitude de la scène et une grande intelligence. Sa prononciation est nette, sa diction juste ; et s'il cultive ces heureuses dispositions il peut prétendre à des succès.

ROLLAND.

Théâtre de l'Impératrice.

Frère du chanteur. Il joue avec assez de naturel les rôles de pères comiques et de financiers ; mais la foiblesse de sa voix nuit à l'effet de son débit.

ROSE. (M.lle)

Théâtre Français.

Du petit théâtre de la rue de Thionville, qui eut obscurément ses prémices, cette jolie Rose fut transplantée au spectacle de la Porte Saint-Martin, où l'on sait qu'elle ne brilla pas encore de tout son éclat. Delà elle passa au Conservatoire, et y fut cultivée avec soin par Dazincour ; enfin elle vient de se hasarder à la Comédie Française, où les charmes de cette reine des fleurs paraissent avec trop d'avantage pour ne pas faire naître à son approche une multitude de soucis ; car c'est surtout dans ce pays-là qu'ils s'efforcent d'étouffer les roses.

Il faut espérer cependant qu'en dépit de tous les œillets d'Inde auxquels sa beauté porte ombrage, elle trouvera dans le *parterre* de fermes appuis contre ses rivales.

M.lle *Rose Dupuis*, pour parler enfin sans figure, paroît avoir de l'intelligence, et même de la sensibilité. Mais on ne peut lui dissimuler qu'elle est encore un peu novice dans l'art de peindre les orages du cœur ; et même que beaucoup de défauts qu'elle évite, seroient pour elle de meilleur augure que l'exactitude de son jeu.

SEWRIN. (Esther)

Theâtre divers.

Jeune actrice dont la physionomie a de la gentillesse, et qui joue d'une manière assez piquante. Il y a pourtant dans son débit un peu de recherche et d'afféterie, et sa voix n'a pas toute la justesse desirable.

REVUE

DES COMÉDIENS.

ADÈLE, (M.elle)

Théâtre de l'Impératrice.

C'EST un enfant qui remplit les rôles d'enfans; et annonce de l'intelligence.

ADÈLE,

Théâtre de la Porte Saint-Martin.

Cette jeune personne, joue sans naïveté *les ingénues*, et sans passion *les amoureuses;* cependant, son jeu paroît exact, et sa diction correcte. Elle a d'ailleurs plus de routine que d'acquis, et son zèle est au-dessus de ses moyens.

St. M....

ADELINE,

Théâtre de l'Impératrice.

La beauté de mademoiselle Adeline, fit grande sensation il y a deux ou trois ans; et la comédie de la *Petite-Ville*, où elle remplit le rôle d'une petite fille de province, fut ce qui lui fournit la première occasion de faire remarquer son talent pour *l'ingénuité*. Il y a, en effet, une niaiserie bien naturelle sur la figure, dans le parler, et jusques dans la démarche serrée de cette actrice, qui a toujours l'air de dire « oui, ma mère; non, ma mère, » et de sortir toute busquée du couvent. Mais ne lui en demandez pas davantage; cette figure, dont la douce immobilité convient si parfaitement aux rôles confits, demeure également inanimée dans ceux où il faudroit plus d'expression; et sa démarche de *pensionnaire*, n'est plus alors qu'un contre-sens.

L'organe de Melle. *Adeline*, a de la douceur et du charme lorsqu'elle a le loisir de s'écouter parler ; mais, pour peu que son rôle exige de la volubilité de langue, sa prononciation paroît pâteuse et difficile.

Quoi qu'il en soit, elle est un sujet très-précieux pour la troupe de *Picard*, et il n'y a guère à Paris que M.lles Mars et Bourgoin qui puissent lui être préférées dans son emploi.

ADNET,

Théâtre de la Porte-Saint-Martin.

Cet acteur n'a point d'emploi déterminé : il joue alternativement les amoureux, les raisonneurs, les grands rôles de la comédie, voire même dans la tragédie, les Othello, les Egiste, les Mahomet, les Auguste, tout cela indifféremment. Cette prétention à l'universalité des genres l'empêche de s'en approprier un bon ; mais comme il a d'ailleurs de l'intelligence, une bonne éducation, une grande habitude de la scène, et surtout une facilité peu commune, il accommode tous les rôles à sa manière, il les refait même au besoin; et, soit qu'il manque de mémoire, soit qu'on lui donne une fausse réplique, il sait toujours se tirer d'embarras; improvisant à l'instant même des mots ou des phrases entières, sa prestesse donne le change aux spectateurs les plus avisés.

Au surplus, comme les mélodrames sont ses premiers titres *à la gloire*, ainsi que l'objet le plus habituel de ses travaux, peu importe qu'il en dénature quelquefois le dialogue. De beaux gestes, des développemens faciles, une *action* bien exagérée, voilà tout ce qu'on exige des acteurs qui se consacrent à ce genre de pièces; et, à cet égard, M. Adnet, ne laisse rien à désirer. Notez qu'il a une assez belle figure, qu'il est vigoureux, bien bâti; avec de pareils avantages, qui pourroit ne pas réussir?

S. M...

ADRIEN,

Acteur retiré de l'Académie Impériale de Musique.

Belle représentation, passable méthode de chant, une basse-taille sourde et désagréable, un vrai talent pour la déclamation et pour l'observation du costume.

Le rôle d'Œdipe, dans Œdipe à Colonne, étoit le triomphe de cet acteur. On y admiroit avec raison ses beaux développemens, la dignité de son maintien, et la chaleur entraînante de son débit.

P S. Cet acteur n'est plus à l'Opéra, du moins quant à présent, mais attendu qu'il y est déjà rentré une fois après avoir été réformé, nous pourrions bien l'y revoir encore; c'est pourquoi notre article subsiste.

ALBERT, (*Bonnet*)

Académie Impériale de Musique.

Élève du Conservatoire. Basse-taille, tenant du tenor.

Il a joué long-temps au Vaudeville, sans

qu'on se doutât de la beauté de sa voix.

Ses débuts à l'Opéra, n'ont pas fait grande sensation ; cependant il y reste parce qu'il y est utile, et que dans un grand nombre de rôles, lui seul pourroit doubler Laïs.

Sa voix est belle, sa méthode sage, mais son chant et son jeu manquent tout-à-fait d'expression. Il est vrai qu'il ne joue pas souvent, du moins dans les bons rôles, et qu'il peut y avoir dans son fait quelque peu de découragement. Allons, jeune homme, du courage !

Laïs est invaincu mais non pas invincible.

Il faut du moins vous le persuader.

M. . . . D.

ALDEGONDE,

Théâtre des Variétés-Etrangères,

(Rue Saint-Martin.)

Cette très-jeune personne a de la gentillesse ; on auroit tort de lui confier des rôles importans dont le succès de toute une pièce pourroit dépendre. Mais ceux de petites filles, et même les rôles de jeunes soubrettes, vont parfaitement *à sa taille* et à ses moyens. Elle a de l'intelligence, de l'habitude et des graces naturelles qui lui tiennent lieu de talent. On lui souhaiteroit toute fois au peu moins d'afféterie. Sujet aimé du public.

ALINE.

Théâtre de la Porte-Saint-Martin.

Danseuse. Belle taille, assez belle tournure. Quelque talent pour la danse sérieuse; elle ne tire pourtant pas (du moins à la scène) tout le parti possible de ses avantages physiques.

ALLAIRE.

Opéra-Comique, rue Feydeau.

Mari de madame Gonthier, double de Chesnard.

Son honnêteté dans le monde le fait aimer et estimer de tous ceux qui ne peuvent se résoudre à l'applaudir.

AMIEL,

Théâtre des Variétés-Montansier.

L'un des directeurs du théâtre Montansier.

Les soins qu'il donne à l'administration, l'empêchent d'exercer son talent de comédien.

Il avoit autrefois débuté au théâtre Italien, et on lui avoit trouvé beaucoup de naturel et d'intelligence. St.-M...

ARMAND (Mlle.),

Académie impériale de musique.

Cette actrice, ou plutôt cette cantatrice a quitté l'opéra-comique, pour le grand opéra.

Comme actrice, elle a long-temps encouru le reproche de manquer d'à-plomb, de dignité, et de gesticuler à contre sens; mais il est facile de voir qu'elle a corrigé sa diction, qu'elle a perdu de sa roideur, et qu'enfin elle commence à se pénétrer de l'esprit de ses rôles.

Comme cantatrice, elle a de plus brillans avantages, plus de défauts et plus de réputation. Le volume de sa voix étonne; Elle chante sans le moindre effort les airs les plus énergiques de Gluck, et,

« Il n'est point de *serpens* ni de *cors* odieux »

qui puissent couvrir ses accens terribles, une fois qu'elle s'est mise en train. Mademoiselle Maillard fait peut-être autant et plus de fracas, mais mademoiselle *Armand* crie beaucoup plus juste, (si pourtant des cris ne sont pas toujours discordans), et l'on ne craint pas du moins en la voyant faire, qu'elle ne tombe en apoplexie.

C'est assurément une grande gloire pour une *princesse* d'opéra que de faire ainsi résonner sa voix un peu plus fort que tous les instrumens à vent du plus bruyant orchestre de l'Europe, mais il y a de soi-disant connoisseurs qui exigent encore autre chose d'une cantatrice, et qui diroient même volontiers à mademoiselle Armand:

« Je veux moins de *vacarme* et plus de *mélodie* ».

Ils prétendent que l'expression se trouve, non pas dans le bruit continu, mais dans l'art des modulations ; ils disent que pour avoir négligé la méthode du Conservatoire, mademoiselle *Armand* ne module point ; que sa voix manque de flexibilité, que ses transitions sont souvent dures et sèches,

« Et que jamais un son n'est parti de son cœur ».

Nous sommes bien loin de souscrire à des critiques si rigoureuses, mais comme nous nous intéressons vivement aux succès de mademoiselle *Armand*, nous avons cru devoir lui donner avis de ces médisances, persuadés que si elle y reconnoît quelque chose de vrai, elle en saura faire son profit. M.... d.

ARMAND,

Théâtre Français.

Une figure assez agréable, de la légèreté, et, quelque justesse dans la diction, méritèrent d'abord à ce jeune homme un bon nombre d'applaudissemens. Mais il devoit considérer ce succès moins comme un prix *dû à son mérite*, que comme un encouragement *donné* à sa jeunesse.

Il paroît avoir de l'intelligence, du discernement, de bons principes, mais le cercle de ses intentions comiques ne s'est encore que médiocrement agrandi ; il ne se pénètre pas toujours assez de cette chaleur active que donne l'émulation, et sans laquelle on s'élève rarement au-dessus des talens vulgaires.

Armand remplit l'emploi des petits-maîtres, mais s'il représente très-fidèlement nos fils de banquiers et nos commis-marchands, il n'a point encore la grande tournure des anciens marquis ; et nous doutons qu'à cet égard, il puisse jamais remplacer Fleury.

« Ses défauts sont du temps, ses talens sont de lui ».

C'est ce qu'on peut dire pour son excuse. V....

ARMAND,

Théâtre de l'Impératrice.

Cet acteur se rend utile à son administration ; comme il n'a pas de talent décidé, on ne lui a pas fixé d'emploi. Les rôles de niais sont pourtant ceux qu'il joue le plus souvent, et sa burlesque figure fait qu'il y est assez bien placé ; quelquefois aussi Picard lui confie des rôles *d'incroyables*, tels que celui du beau danseur dans la petite comédie des deux Mères ; mais en cela *Picard* a tort ; personne n'est moins tourné en Lovelace français que cet honnête M. *Armand* ; et il faut même lui rendre la justice de dire qu'il n'a pas l'air de s'en faire accroire.

V...rs.

ARMAND,

Vaudeville.

Il a une belle figure ; il est bien pris

dans sa taille ; il chante avec sagesse ; mais sa voix est extrêmement foible, et son jeu a de la roideur.

Il double indifféremment *Henry* et *Julien.*

ARSÈNE (Mlle.)

Vaudeville.

On l'appelle avec raison la *Belle Arsène* ; mais ce nom là porte malheur ; car à l'exemple de sa patrone, elle semble se complaire dans la plus froide indifférence ; c'est une superbe statue de marbre : quel heureux Pygmalion aura la gloire de l'animer ? c'est le secret, ou plutôt ce n'est pas le secret de la comédie.

Belle voix, assez bonne méthode de chant, tenue décente et même sévère ; mais, jusqu'à ce jour, rien qui dénote en elle la moindre disposition pour l'art dramatique. Cependant :

« Si le talent venoit aux filles
« Comme on dit que leur vient l'esprit, »

il y a grande apparence que Mlle. Arsène en seroit pourvue depuis long-temps. Cette idée nous ôte tout espoir.

V..... Z.....

ARTIGUENAVE,

Cidevant au théâtre de la Porte-St.-Martin.

Ce jeune homme est né dans le Midi ; on le devine sans peine à son accent ; le timbre de sa voix est sourd et comme voilé ; mais il rachète ces défauts par une diction des plus correctes et par une excellente tenue.

Dans les mélodrames, qu'il est par malheur appelé à jouer continuellement, il sait produire de l'effet, sans cris et sans emphase, par la fermeté naturelle de son débit, par la chaleur soutenue de son jeu ; cet acteur est sur la bonne voie ; il étudie son art avec passion, et paroît aspirer à débuter sur la scène françoise : peut-être n'est-il pas indigne de cette faveur.

AUBERTIN.

Théâtre des Variétés-Montansier.

Auteur-acteur. Le temps qu'il passe à composer des pièces, est sans doute ce qui l'empêche de très-bien jouer ses rôles, de même que l'étude de ses rôles doit l'empêcher de faire d'excellentes pièces. Il a néanmoins de l'esprit, de la facilité, et il se rend très-utile à son théâtre.

N. N...

AUGUSTE.

Théâtre du Vaudeville.

Il double alternativement Henry dans les rôles d'amoureux et Julien dans les rôles de fats. Quelqu'assurance qu'il veuille se donner à la scène, il n'a pas encore tout l'à-plomb désirable; et l'intention de copier Julien se fait un peu trop sentir dans son jeu, qui manque souvent de naturel; mais il plaît par le son flatteur de sa voix, par une figure et une tournure très-agréables;

et par certain air de douceur qu'on prend pour de la timidité.

Ce jeune homme donne des espérances; il écoute les avis de ses anciens avec une louable docilité, et réforme chaque jour quelque défaut.

AUMER.

Académie Impériale du musique.

Danseur ; compositeur de ballets.

Il danse à l'Opéra, et compose à la Porte-St.-Martin.

Aumer est grand, bien découplé, et remplit très-plaisamment le rôle de Don Quichotte dans les Noces de Gamache. On ne peut lui refuser une grande vigueur de jarrets, beaucoup de prestesse et de précision, et un talent décidé pour la pantomime.

Ses ballets ne sont pas sans mérite ; mais il n'a pas, comme l'heureux Gardel, carte blanche pour les bien monter; et il n'y a gnère que ceux de Jenny et des Deux Créoles où il ait pu se donner carrière. V....rs

BAPTISTE (aîné).

Théâtre Français.

Que dans tous vos discours la passion émue
Aille chercher le cœur, l'échauffe, le remue.
Si d'un beau mouvement l'agréable fureur
Souvent ne nous remplit d'une douce terreur
Ou n'excite en notre ame une pitié charmante
En vain vous étalez une scène savante,
Vos froids *raisonnemens* ne feront qu'attiédir
Un spectateur, toujours paresseux d'applaudir.

Cet acteur est plus estimable que séduisant; il a beaucoup d'amour pour son art; il se pénètre profondément des intentions de ses rôles; il *raisonne* savamm nt sa diction; enfin, il a en théorie une supériorité incontestable; mais dans l'exécution, il ne possède pas toujours autant d'avantages.

Sa taille alongée et sa figure peu théâtrale, sont d'abord des inconvéniens qu'avec la meilleure volonté du monde, il ne peut complètement déguiser, il laisse trop apercevoir la méthode dans son débit et dans ses développemens ; il s'attache trop à accentuer chaque syllabe, à jouer les points et les virgules, ce qui fait que loin de paroître varié et naturel, il tombe dans le pédantisme et la monotonie ; car des intonnations travaillées avec des soins si minutieux ne peuvent que dégénérer en une sorte de chant monotone et toujours nuisible aux effets dramatiques ; il est sans doute nécessaire de donner à chaque phrase d'un discours le ton convenable à l'idée ou au sentiment qu'elle exprime, mais cette règle ne s'étend pas jusqu'aux mots insignifians en eux-mêmes, qui n'ont d'expression et de valeur que par leur combinaison avec d'autres mots ; il suffit d'examiner un peu attentivement les conversations de sociétés pour se convaincre de cette vérité. Lorsque dans une discussion animée, un orateur, poussé par le desir d'aborder la question, s'efforce d'arriver au point le plus saillant de son discours, on ne le voit point se refroidir sur chaque mot, sur chaque syllabe des phrases préliminaires, il les précipite pour ainsi dire l'une sur l'autre sans se donner le temps d'*accentuer* scrupuleusement; et ses intonations marquantes ne portent jamais que sur les termes exprimant une idée faite pour éclairer ses auditeurs, ou un sentiment propre à les émouvoir et à les entraîner.

On voit souvent, je l'avoue, de beaux parleurs marquer par des inflexions de voix, des repos mesurés, l'orthographe de leurs discours, et décrire par des gestes imitatifs la forme extérieure des plus petits objets, à l'exemple du fou dont parle Boileau.

Qui, décrivant les mers
Et peignant au milieu de leurs flots entr'ouverts
L'hébreu sauvé du joug de ses injustes maîtres,
Met pour les voir passer les poissons aux fenêtres;
Peint le petit enfant qui va, saute, revient
Et joyeux, à sa mère offre un caillou qu'il tient.

Mais comme le dit encore ce Boileau, qu'il faut toujours citer,

Sur de trop vains objets, c'est arrêter la vue.

Ces gens exacts et méthodiques sont ordinairement clairs à leur début, mais ils glacent, ils fatiguent, ils deviennent insupportables; souvent même ils se glacent eux-mêmes dans leur insipide régularité; et les soins attentifs qu'ils y portent, épuisant bientôt leur logique, ils se voyent forcés de terminer sans conclure. Si donc, dans une discussion d'affaires où la chaleur et le brillant du débit devroient être à-peu-près inutiles, l'absence totale de ce prestige est un défaut, combien ce défaut doit-il paroître choquant à la scène, où le *froid* n'est jamais de saison, et où il faut que tout marche avec rapidité.

Il faut donc engager Baptiste, au nom de son propre intérêt, à soigner un peu moins les détails au dépend des masses, et je lui garantis alors, sinon un succès d'enthousiasme, du moins un grand succès d'estime; pourvu toutefois qu'il veuille fermement renoncer aux grimaces, et ne plus avoir l'air de dire au public: « Voyez quel esprit je mets dans mes rôles, voyez comme j'en saisis toutes les intentions ». Ce pointillage est ridicule.

La tragédie me paroît être le genre le moins convenable aux moyens de cet acteur; elle exige une représentation majestueuse, une belle expression dans le regard, une simplicité noble, et surtout cette chaleur innée, expansive dont toutes les ressources de l'art ne peuvent jamais tenir lieu au théâtre; c'est dans la haute comédie que Baptiste paroît sous un jour plus avantageux. Le rôle du *Glorieux* surtout est son triomphe. D'après tout ce que je viens de dire, on en sent aisément la raison. Il joue fort bien aussi le *Damis* de la Métromanie, où il faut un peu de cette emphase poétique qui est si analogue au talent de l'acteur.

Le *Distrait*, *l'Homme Singulier*, et surtout les rôles de raisonneurs sont également à sa convenance, et il y mérite réellement l'unanimité des suffrages.

Que conclure de tout ceci ? ce que j'ai dit au commencement de cet article : « C'est un acteur plus estimable que séduisant. Il excelle dans la théorie, mais il est médiocre dans l'exécution ». Je n'ajouterai plus qu'un mot. Son talent, qui est dans sa tête, seroit digne des plus grands éloges, s'il étoit placé dans son cœur.

P. S. Au total cet acteur feroit un très-bon professeur de déclamation, il passe pour être, après Monvel, le meilleur *lecteur* de son théâtre.

BAPTISTE (Cadet).

Théâtre Français.

Frère du tragédien.

Il a obtenu un succès fou dans les caricatures, et particulièrement dans les rôles de niais. Celui de Danières qu'il créa, lui fit une si grande réputation, qu'on ne l'appelle plus maintenant que BAPTISTE DANIÈRES.

Il est, à proprement parler, beaucoup plus bouffon que comique, mais sa figure convient à son emploi; et il possède le talent de se grimer de la façon la plus burlesque.

Baptiste Cadet est en outre connu par ses bons mots; c'est d'après lui qu'un de nos petits poëtes a rimé l'historiette suivante :

DIALOGUE.

Faites-moi votre compliment,
Disoit hier monsieur Danière.
—Sur quoi donc?— Cet événement
Annoblit ma famille entière.
—Mais encor? — Du Pérou le plus riche *colon*
S'est épris de ma sœur, que demain je lui donne;
Et ma sœur, de cette façon,
Va se voir du Pérou la plus riche *colonne.*

Quelques personnes lui attribuent aussi ce mot délicieux; le moyen de fixer l'amour c'est de lui *mettre des bas de fil aux ailes* (de filosel.) Et cet autre : quand on est sur les hauteurs de Montmartre on voit tous les ânes *en bas de soi* ; mais s'il faut en croire d'autres personnes, Brunet revendique ce dernier, et la contestation est d'un genre trop grave pour que nous nous permettions de juger entre ces messieurs.

BAPTISTE.

Opéra-Comique.

Tenor, élève du Conservatoire. Bonne méthode de chant, figure un peu triste, voix flexible et beau timbre; pas assez d'expression dans son chant, et moins encore dans son jeu.

La romance qu'il chantoit dans l'opéra d'Ariodant, lui valut des encouragemens dont quelques-uns de ses camarades prirent ombrage, et il fut quelque temps forcé de quitter l'opéra-comique, mais Martin ayant à son tour voyagé dans les départemens, l'administration de Feydeau se trouva trop heureuse de pouvoir rappeler Baptiste, et il y a maintenant apparence qu'elle ne s'en dessaisira plus.

BARBIER.

Théâtre de l'Impératrice.

Diction assez correcte; beaucoup de sens; bonne tenue; physionomie honnête et intéressante, mais toujours de la roideur dans les bras, et peu d'inflexions dans la voix; il est mieux placé dans les rôles graves, que dans ceux où il faut de la légèreté, de la grace et du papillotage; à force de soins cependant il est parvenu à jouer d'une manière très-satisfaisante le rôle du *parleur éternel*, qui exige, comme on peut le croire, une langue des plus déliées. Au total, *acteur* du second ordre pour le talent, mais en première ligne *pour* l'utilité.

BARILLI.

Opéra-Buffa.

Lubin est d'une figure
Qui met tout le monde en train.

Excellent bouffe ; il est sans contredit le meilleur acteur de la troupe Italienne; sa manière est franche, sa gaîté sans apprêt. Quelques soi-disant connoisseurs prétendent qu'il n'est pas musicien, mais ils sont forcés de convenir que son chant a beaucoup d'expression, et que sa voix, l'une des plus fortes tailles qui soient au théâtre, seconde merveilleusement sa verve comique.

BARROYER. (Mlle)

Théâtre Montansier.

Si cette actrice déjà ancienne, avoit eu la voix moins rauque et la figure plus agréable, elle auroit pu rivaliser au théâtre Français, avec Mlles Joly et Devienne; elle possédoit éminemment ce *vis comica* si précieux dans l'emploi des soubrettes;

et surtout dans celui des servantes de Molière.

Mlle Barroyer joue maintenant les rôles de duègnes et de vieilles ridicules, et s'en acquitte avec beaucoup de succès.

BEAULIEU.

Opéra.

Danseur.

Cet artiste, bien pris dans sa taille, a beaucoup de force et de légèreté.

Il a ce qu'on appelle la *jambe brillante*, c'est-à-dire, qu'il passe très-bien les entrechats; qu'il fait très-bien les jettés-battus, en avant et en arrière, etc.; en un mot, qu'il exécute, avec beaucoup de vivacité et de précision, tous les pas qui, faisant scintiller la boucle du soulier, éblouissent et séduisent la multitude.

Mais l'art de la danse ne se réduit pas au jeu des jambes, il consiste aussi dans l'art d'exprimer des sentimens par les attitudes, et voilà peut-être ce qui manque à

Beaulieu. On trouve de la roideur et de la sécheresse dans sa pantomime, et ses développemens dramatiques n'ont pas toujours assez de grace.

St.-M.....

BEAUPRÉ.

Opéra.

Danseur, dans le genre comique, et, l'on pourroit même dire, dans le genre grotesque.

Son ardeur, sa vivacité, sa vigueur, sont extraordinaires. Il exécute tous ses pas avec beaucoup de précision, et a surtout le talent d'égayer les spectateurs, tant par le jeu de sa physionomie, que par l'expression bizarre de ses attitudes.

Sa petite taille qui lui seroit très-désavantageuse dans la danse noble ou gracieuse, ne contribue pas peu à son succès dans le genre qu'il a adopté.

Le rôle du Prévôt dans la Dansomanie, peut être cité comme son triomphe.

BEFFROY. (Mlle.)

Théâtre de l'Impératrice.

Comme cette actrice avoit une charmante physionomie, à l'époque de ses débuts, on cherchoit à s'en faire accroire sur ses dispositions. « Il seroit injuste disois-je moi-même, de la décourager; c'est encore une enfant, et à un âge si tendre, on ne sauroit avoir un talent parfait; elle annonce de la finesse, des intentions justes; le défaut d'habitude, joint à sa timidité naturelle, est sans doute le principal obstacle à la rapidité de ses progrès. » Espoir frivole, supposition chimérique; Mlle. *Beffroy* n'a pas plus de talent aujourd'hui, malgré son expérience de sept ou huit années théâtrales, qu'elle n'en avoit au sortir de l'enfance; et avec les meilleures intentions du monde, je ne saurois plus louer en elle que sa figure.

Les vêtemens d'hommes vont bien à sa taille, aussi a-t-elle une grande prédilection pour les rôles à travestissemens ; mais lors même que dans ces rôles elle obtient quelques battemens de mains, son amour-propre n'en devroit être que médiocrement flatté ! car elle auroit sujet de dire avec Sedaine : « Ah ! mon habit que je vous remercie ; » il est assez rare d'ailleurs, qu'une femme agréable sous le frac, et en pantalon ait une tournure bien séduisante sous les habits de son sexe ; et ce que Mlle. *Beffroy* gagne d'un côté en se donnant la mine friponne d'un *Faublas*, elle le perd trop évidemment de l'autre, quand elle en revient aux rôles d'Agnès.

BELLEMENT. (Mme.)

Théâtre de la Porte Saint-Martin.

UTILITÉ.

BELLEMONT. (Mme)

Vaudeville-Montansier.

Une nouvelle carrière s'ouvre pour cette actrice, le plus bel ornement de son théâtre ; elle jouoit avec un grand succès, les rôles *d'ingénues*, et c'est à ceux de grandes coquettes, de jeunes mères qu'elle doit se vouer désormais. Elle n'étoit que jolie, elle est belle; changement tout à fait heureux, s'il ne falloit pas que le talent de l'actrice changeât aussi de physionomie; mais, comme on exige plus d'une femme que d'un enfant, d'une grande dame, que d'une Agnès, tout ne sera peut-être pas avantageux pour madame Belmont dans cette petite révolution.

Cette actrice a de l'aisance, de l'éclat, de la finesse, un fort bon ton de comédie, une diction juste et flatteuse, et même, je crois, de la sensibilité; son sourire est toujours gracieux et fin, son regard toujours séduisant; mais me sera-t-il permis de dire que le plaisir de montrer ses belles dents (les plus belles en effet qu'on puisse voir) lui fait quelquefois entr'ouvrir la bouche avec un peu d'affectation? Me pardonnera-t-elle de lui faire observer qu'elle se présente assez souvent au public de l'air d'une femme qui veut bien lui dire : « contemplez-moi, soyez heureux ; » enfin, ne sera-ce pas combler la mesure, que de l'inviter à ne plus aventurer les sons de sa voix quand elle chante, ce qui l'exposeroit peut-être à chanter faux.

Du reste, madame Belmont est ou paroît être musicienne, et deviendra très-bonne cantatrice, du moment qu'elle voudra moduler. Elle s'est fait, à juste titre, la réputation d'une bonne comédienne, dans le rôle d'*Honorine* qui exigeoit la réunion de plusieurs genres de talens, et dans celui de *Fanchon la Vielleuse*, qu'elle a joué de la manière du monde la plus aisée et la plus séduisante.

Peut-être seroit-elle aussi convenablement placée à l'Opéra-comique qu'au Vaudeville-Montansier ; il n'y a nul doute qu'elle ne remplît fort heureusement le rôle de Mlle. Pingenet aînée, qui menace, dit-on, de quitter le théâtre.

BERTIN.

Opéra ou Académie impériale de musique.

Chanteur, musicien consommé ; — belle basse taille, — méthode simple, et qui tient peu de la moderne.

Sa voix manque quelquefois de souplesse, ce qui l'empêche de broder son chant ; mais les rôles qu'il joue pour l'ordinaire, (ceux de grands-prêtres ou de tyrans) sont d'un genre trop sévères pour admettre les agrémens de l'école Italienne, et quand même il auroit tous les moyens d'ajouter au texte musical, on lui sauroit gré de n'en rien faire.

Comme acteur, il ne gâte rien, mais son talent n'est que médiocre.

BERVILLE.

Ci-devant au théâtre de la République.

Nous ignorons le sort présent de cet acteur, mais à quelque théâtre qu'il soit attaché, nous ne balançons pas à le ranger dans la classe des acteurs utiles par leur zèle, et dignes d'intéresser les personnes sensibles par leurs mœurs, leur honnêteté et l'ancienneté de leurs services, etc. — Le talent de ce bon homme Berville n'est merveilleux dans aucun genre; mais, quand il veut éviter l'affectation, on ne peut s'empêcher de convenir qu'il a une diction très-correcte, et que les rôles de raisonneurs ne sont pas au-dessus de ses moyens.

BETZI.

Vaudeville.

Jolie sœur de la belle Arsène; on ne sauroit, quant à présent, prononcer sur le talent de cette petite personne, qui n'a et ne doit avoir encore que de la gentillesse; mais on espère généralement qu'elle deviendra comédienne, parce que son regard fin et malicieux semble déjà dire bien des choses.

BIGOTTINI.

Opéra. (Ballets de l')

Danseuse.

Jolie figure, physionomie piquante, taille svelte, beaucoup de légèreté, de grace et de précision.

S'il y a maintenant à l'Opéra une danseuse digne de remplacer un jour madame Gardel, c'est la jeune sœur de Duport ou mademoiselle Bigottini.

Celle-ci doit pourtant s'attacher à perfectionner sa pantomime, qui n'a point encore assez d'expression.

BLASIUS.

Opéra-Comique.

Violon; directeur de l'orchestre.

Comme exécutant il n'est plus *guère* que de la seconde force; les Kreutzer, les Rode, les Baillot, se sont depuis long-temps placés au-dessus de lui; mais il excelle dans la direction qui lui est confiée, et se montre parfaitement digne d'y remplacer le célèbre *Lahoussaye*, son prédécesseur immédiat.

BLOSSEVILLE. (M.me)

Théâtre du Vaudeville.

Cette actrice a un air de santé qui réjouit le cœur, mais elle fait sagement de renoncer aux *colombines* ; avec ces robustes appas on ne doit plus guères jouer que les servantes d'auberge et les nourrices.

M.me Blosseville a toutefois de l'intelligence, du naturel et de la gaîté.

V. J....

BODIN. (M.me)

Théâtre du Vaudeville.

Actrice utile, et généralement aimée, quoique d'un talent médiocre; elle joue en second les caricatures de vieilles filles, et les rôles de duègnes ; elle soigne pardessus tout la partie du costume.

BONIOLI.

Théâtre des Variétés-Montansier.

Cet acteur, un peu flegmatique, n'a pas tiré tout le parti possible d'une assez belle basse-taille, qui fesoit son plus grand mérite. Je ne parle pas de son caractère social; il est généralement estimé, mais la probité d'un acteur ne figure pas sur l'affiche.

BORNES (Le).

Variétés-Etrangères (Théâtre de Molière) *rue Saint-Martin.*

Cet acteur s'est *formé* en province, il est aisé de le deviner, à l'affectation de sa démarche, de ses gestes précipités, en un mot, à sa tenue théâtrale. Mais en même temps que les Parisiens commencent à s'habituer à ses manières, il commence lui, à se *réformer;* et, comme il a d'ailleurs un puissant foyer de chaleur, joint à une certaine habitude de la scène, on peut présumer qu'avant peu, il jouira des bonnes graces du parterre. En attendant, il faut lui conseiller de travailler sa diction, plus animée que pure, et de ne pas piétiner sans cesse, comme s'il marchoit sur des charbons ardens. Ce mouvement continuel n'est pas moins fatigant pour le public que pour lui-même, et devient trop souvent un ridicule.

BOSQUIER-GAVAUDAN.

Théâtre des Variétés, boulevard Montmartre.

Cet acteur a beaucoup de vogue à son théâtre, et la mérite sous plus d'un rapport. Il a une gaîté vive, une aisance extraordinaire à la scène, une hardiesse même qui lui vaut de nombreux applaudissemens, mais qui nuit peut-être à son talent. Sa niaiserie ressemble trop à de l'esprit, et il jargonne toujours du même ton; ce n'est point faute d'intelligence, qu'il met peu de variété dans ses rôles; c'est que la trop grande facilité des succès à ce théâtre, semble autoriser les acteurs à ne plus rien faire pour les augmenter ; du reste il chante avec assez de goût, et peut, à cet égard, passer pour un virtuose.

S.. M..N..

BOSSET.

Théâtre de l'Impératrice.

Si cet acteur vouloit travailler sérieusement, ne point s'adresser au public, et varier ses inflexions de voix, son talent seroit plus estimé. Sa diction est ordinairement juste et correcte, son jeu facile, on lui reconnoît du naturel et du sens; mais il manque de chaleur et de *vis comica.*

Il se grime fort habilement dans les rôles de *Géronte* et de *Fesse-Mathieu*, et la manière dont il joue M. Bernard dans le Cousin de tout le Monde, fait honneur à son intelligence.

BOSSI DEL CARO.

Ci-devant théâtre de la Porte Saint-Martin.

Danseuse : nous croyons qu'on l'a un

peu trop vantée. Elle n'excelle véritablement que dans la danse du Schall, et autres pas du genre anglais, plus agréables que difficiles.

BOURDAIS, père.

Théâtre de la Porte-St.-Martin.

Vétéran du théâtre de Nicolet; talent usé; mais bien méritant par son fils, dont il sera question dans l'article suivant.

BOURDAIS, fils.

Théâtre de la Porte-St.-Martin.

Emploi des valets grande-livrée.

Il ne refuse pas au besoin les rôles de raisonneurs, les *caractères*, ni mêmes les caricatures; et s'il n'excelle pas également dans tous, par-tout, du moins, il fait preuve d'intelligence, et se montre comédien exercé.

Son organe est dur, mais plein et sonore; sa physionomie a de l'expression et il joue de ses deux grands yeux, ni plus ni moins que ne faisoit Auger, dont il rappelle le genre de talent dans les rôles de valets fourbes et scélérats ; toujours en scène, et toujours comme s'il étoit chez-lui, il sait appeler et fixer à son gré sur sa personne l'attention du spectateur ; trop souvent même par l'effet d'une pantomime active et variée, il vous distrait indiscrètement de la situation la plus intéressante, moins pénétré alors de l'infériorité présente de son rôle, que de la supériorité de son talent. Son tort est donc d'abuser de ses ressources, et certes, ce n'en est pas un petit aux yeux de ses interlocuteurs ; mais s'il vouloit, à l'avénir, se montrer plus exact observateur du costume et du degré d'importance attribué à chaque personnage ; s'il multiplioit moins les détails au préjudice de l'ensemble, il échangeroit la jouissance éphémère d'un succès sans gloire, contre l'estime réelle et durable des connoisseurs ; et les portes du théâtre Français finiroient peut-être par s'ouvrir pour lui.

Il faudroit encore, cependant, qu'il comptât un peu moins sur l'extrême mobilité de ses grands yeux, et qu'au risque d'avoir un peu moins d'à-plomb, il montrât plus de légèreté.

BOURDAIS (Mme.).

Théâtre de la Porte-St.-Martin.

Femme du précédent.

Actrice médiocre, cantatrice agréable; excellente pour le théâtre Montansier, auquel on la disoit destinée.

BOURGEOIS (Mlle.)

Théâtre de la Porte-St.-Martin.

Elle a été long-temps à l'Ambigu-Comique.

Dispositions réelles pour le théâtre, mais qui ont été gâtées par l'habitude de jouer de mauvaises pièces sur les planches du Boulevard.

Elle réussit néanmoins dans le mélodrame.

BOURGOIN. (Mlle.)

Théâtre Français.

Elle joue les jeunes princesses dans la tragédie, et les amoureuses naïves dans la comédie.

Jusqu'à ce jour, il faut l'avouer, elle a beaucoup mieux réussi à chausser le brodequin que le cothurne; mais, si elle veut sérieusement travailler, l'un et l'autre lui siéront également.

Cette actrice est bien prise dans sa taille; sa figure demi-ronde, son joli nez, à la Roxelane, son souris gracieux, et l'expression séduisante de son regard, lui ont déjà fait assez de conquêtes.

Sa voix a un timbre charmant. Il y a peu d'actrices au théâtre, même parmi les plus anciennes, qui aient une diction plus juste et plus correcte; mais les leçons de M.me Vestris lui ont fait contracter une habitude dont il faut qu'elle se corrige; c'est celle de prononcer tous les mots avec une exactitude également scrupuleuse.

Dans ses écrits un sage italien
Dit que le mieux est l'ennemi du bien.

Et le léger défaut que je reproche ici à Mlle. Bourgoin, vient à l'appui de cette opinion.

Il est très-louable, sans doute, à une jeune actrice de donner à ses camarades l'exemple d'une prononciation parfaitement exacte, dans un temps surtout où les premiers principes de la récitation et de la déclamation paroissent si généralement négligés, mais cette extrême ponctualité se trouve quelquefois peu d'accord avec le ton léger, frivole, ou pathétique de certains personnages, avec la marche irrégulière de certaines passions, et il faut avant tout, être naturel,

Que l'étude pourtant se fasse peu sentir;
A force d'art craignez de vous appesantir;
Loin, du jeu théâtral la triste symétrie
Et le compas glacé de la géométrie;

Des passions toujours suivez le mouvement
Trop de raison nous choque et nuit au sentiment,
Il est d'heureux défauts et des élans sublimes
Qu'il ne faut pas soumettre à de froides maximes ;
Que tous vos sens alors soient saisis, transportés ;
Melpomène vous voit, vous entend : éclatez ;
Et dans le même instant par un effet contraire
Sachez pâlir d'horreur et rougir de colère ;
Oubliez, imitant le plus célèbre acteur,
Votre rôle, votre art, vous et le spectateur.

Mlle. Bourgoin doit s'attacher à varier plus qu'elle ne fait ses inflexions de voix, le geste circulaire de ses bras, et les mouvemens de son débit. Sa diction est très juste sans contredit, mais le public exige davantage ; il veut de l'expression, du charme, de l'abandon, et peut-être préféreroit-il, ceci soit dit sans tirer à conséquence, une diction vicieuse, mais très-animée, à une correction trop monotone.

Au surplus, si Mlle. Bourgoin néglige quelquefois ce moyen de succès, ce n'est pas dans la comédie, ce n'est pas même dans les rôles tragiques qui sont véritablement d'accord avec l'âge d'innocence qu'elle paroît avoir, et avec le caractère gracieux de sa figure, c'est-à-dire, dans ceux qui n'ont rien de trop sévère ni de trop énergique.

Elle excelle dans les rôles de Junie et d'Aricie, parce qu'elle s'y sent à l'aise, et que se trouvant tout naturellement au ton du personnage, elle peut, sans craindre d'altérer la justesse de sa diction, s'occuper du charme de son débit. On sait avec quel son de voix enchanteur elle dit ce mot : « Quest-ce que le remords ? » dans sont petit rôle de Mancolm (de Macbeth); et « Je ne l'ai point encore embrassé d'aujourd'hui ! » dans Andromaque. Cela seul prouve contre les assertions de certains journalistes, et même contre plus d'une apparence qu'elle a une sensibilité réelle.

Qu'elle s'appesantisse donc un peu moins sur les premières règles de son art, qui lui sont assez familières ; qu'elle se décide quelquefois à parler librement au lieu de mesurer ses phrases; qu'elle laisse surtout plus de liberté à son geste dans les scènes vives et pathétiques, et cette actrice qu'on voudroit dégoûter de la tragédie, en deviendra bientôt l'honneur.

Quant à son talent pour la comédie, comme personne ne le lui conteste, je n'en parlerai pas aussi longuement; il me suffit de dire, que Mlle. Bourgoin joue plusieurs rôles *d'ingénues* avec presqu'autant de naturel et de gentiliesse que Mlle. Mars, (qui est la perfection même dans ce genre) et qu'elle a, par-dessus cette charmante actrice, l'avantage de pouvoir aspirer un jour à l'emploi des grandes coquettes.

Mlle. Mars joue incomparablement mieux l'ingénuité pudique d'une jeune fille bien élevée, d'une *demoiselle* gaie avec réserve, mais, peut-être. Mlle. Bourgoin a-t-elle autant de gentillesse et une expression plus piquante dans la coquetterie précoce d'une petite grisette; la cornette et le jupon court lui vont à ravir.

On peut d'ailleurs juger de ses dispositions pour l'emploi des *grandes coquettes* par le talent qu'elle a montré avant l'âge, dans le rôle de *Roxelane* (des trois Sultanes) elle n'y est pas encore parfaite, assurément, mais n'est-il pas assez glorieux pour elle d'avoir été jugée, à 17 ans, la plus capable de jouer ce rôle difficile sur le premier théâtre de la capitale, et d'avoir su justifier, jusqu'à ce jour, une opinion si favorable par des succès non interrompus? la vérité est qu'elle y fait preuve d'une intelligence rare et qu'elle représente au mieux cette capricieuse Roxane, dont le fin sourire, la bouche fraîche, tapissée de roses et le petit nez retroussé, *renversent les lois d'un empire.*

BRANCHU. (M.me)

Académie impériale de musique.

Elève du conservatoire, et l'une de nos meilleures cantatrices.

On ne la cite pas comme une de nos

jeunes gens se font un mérite de répéter ses calembourgs, qu'un littérateur *connu* les recueille en un volume qui a eu plus de cinquante éditions, qu'il est lui-même appelé à les redire dans les meilleures sociétés de la capitale, certes, il n'est pas permis de parler légèrement d'un artiste si merveilleux! C'est sur le théâtre de sa gloire, qu'il faut aller étudier son mérite; c'est-là qu'il faut, par des observations approfondies, se convaincre de tous ses droits à la reconnoissance des auteurs, des directeurs et du public; où en seroit sans lui, la famille nombreuse des *Roussel*, et des *Jocrisse*; ou en seroient les *Prud'homme*, les *Vautour*, les Innocens et tant d'autres, qui, sans en convenir, lui doivent toute leur célébrité, leur existence! Mais M. Brunet ne sait pas reprocher ses bienfaits, et sa modestie daigne se contenter de 20 ou 25,000 liv. de rente qu'il retire, dit-on, de l'administration de son théâtre: aussi ce dernier trait de modé-

BRANCHU,

Opéra (Ballets de l').

On le confond souvent avec *Beaulieu*, dont il a le genre de talent, et qui lui ressemble singulièrement au théâtre.

Branchu est d'une taille avantageuse; on ne peut lui refuser du feu, de la vigueur et de l'élévation; mais il manque quelquefois de grace et de caractère dramatique.

Danseur agréable, mais du second ordre.

St.-M...

BRUNET,

Théâtre des Variétés, boulevard Montmartre.

Il y a cinq ans, il suffisoit de dire qu'il étoit le héros de la farce, qu'il en jouoit l'emploi, quelquefois dégoûtant, avec un naturel et une vérité inimitables. Maintenant qu'il a fait son tour de France, qu'il a reçu des couronnes dans toutes les villes de l'Empire; qu'à Bordeaux même il a été porté en triomphe, (au nez et à la barbe de Talma); aujourd'hui que tous nos plus jolies femmes, mais l'expression vive et piquante de sa physionomie, peut lui tenir lieu de beauté.

Sa voix, quoique d'une très belle qualité, n'a pas toute la force et toute l'étendue qu'on exigeoit, il y a quelques années, des cantatrices du grand opéra; et sous ce rapport elle a moins d'avantages que mesdames Maillard et Armand; mais elle a aussi le bon esprit de ne pas prétendre au genre de succès de ces deux dames; et elle se borne à mériter le suffrage des connoisseurs, par la pureté mélodieuse de ses sons, l'expression variée de son chant; en un mot, par l'excellence de sa méthode.

Comme actrice, elle n'est pas non plus sans talent, et madame Branchu est peut-être la seule élève du conservatoire qui sache concilier au théâtre la grace et la pureté du chant avec l'expression dramatique.

ration met-il le comble à sa gloire, et place-t-il M. Brunet bien au-dessus de tous les éloges. V. B.

CAMAILLE S.-AUBIN,

Variétés étrangères.

Si cet acteur pouvoit entièrement oublier la manière dont on joue le mélodrame au boulevard, il seroit un excellent comédien ! il a du feu, de l'aisance, de l'esprit, de l'à-plomb, et une grande habitude de la scène. Mais autant il mérite d'éloges quand il ne veut point sortir du ton de la nature, (et il a tout le talent, toute l'intelligence qu'il faut pour cela) autant il est fâcheux qu'on l'applaudisse, quand il veut donner à ses rôles une importance qu'ils n'ont pas. *En général il parle trop haut*, prend trop souvent sa voix dans la tête ; et vise un peu trop à l'effet. Les habitans de la rue Saint-Martin, prétendent que son meilleur rôle ou plutôt le rôle qu'il joue le mieux, est celui du peintre dans le Père de Famille allemand ; et , en effet, il y développe un enthousiasme , qui pour être tant soit peu forcé , n'en est pas moins digne de plaire à la multitude ; mais il m'a semble que les connoisseurs préféroient le voir dans *l'Epigramme* où il joue un rôle de capitaine de vaisseau, avec beaucoup d'originalité naturelle, sans charge, sans affectation.

Sa diction est généralement pure et correcte. Sujet précieux.

CANAVASSI, (Mme.)

Opéra-Buffa.

Elle ne nous console pas tout à fait du départ de madame Strina-Sacchi, qui avoit une voix plus étonnante et plus de verve musicale; mais elle plaît généralement par la sagesse de sa méthode, par des sons purs et flatteurs qu'elle conduit avec beaucoup de goût. Comme actrice, elle n'est pas non plus sans intelligence, et son jeu participe déjà de la manière française. D...

CARLE,

Théâtre du Vaudeville.

Chanteur des chœurs ; il sort quelquefois des rangs pour les rôles *d'utilités.* Il a de bonnes intentions, du zèle, mais le public lui sait rarement gré de ses efforts.

N. M. ..

CARMANINI,

Opéra Buffa.

Cet acteur imiteroit assez bien la caricature de *Rafanelli*, s'il avoit un peu plus de traits dans la physionomie, et si l'expression en étoit plus gaie ; du reste il a de l'aisance à la scène, un zèle prodigieux et une basse taille très-passable. Il chante même beaucoup mieux que son modèle, ce qui à la vérité n'est pas beaucoup dire. Sujet utile.

CAROLINE, (Mlle.)

Théâtre des Variétés-Montansier.

Sa voix fraîche, et flexible a *fait* long-temps les délices des habitués de ce Théâtre ; elle n'en conserve plus qu'un joli filet dont on ne sauroit tirer un meilleur parti. Sa méthode de chant s'est perfectionnée, en proportion de l'affoiblissement de l'organe : c'est faire un grand éloge de sa méthode. B...l.

CAROLINE-SOISSONS,

Théâtre de la porte Saint-Martin.

Cette jeune personne a moins de talent pour la pantomime mélo-dramatique que sa rivale madame *Quériau;* mais comme danseuse, elle est au premier rang (du moins à son théâtre); sa figure est jolie, son jeu fin et gracieux; elle est vive, légère et spirituelle. C'est, en un mot, une nymphe très-séduisante, et il est plus d'un Télémaque dans le public, qui préfère les nymphes aux déesses.

CARPENTIER,

Théâtre de Vaudeville.

Autrefois si précieux pour les rôles de

gilles, de valets mais, et même de valets à livrée ; aujourd'hui. ! ! ! *quantùm mutatus !*

Surtout que la mémoire incessamment fidelle
Lorsque vous commandez ne soit jamais rebelle,
Et ne vous force point, glaçant votre chaleur
D'aller, à son défaut, consulter le souffleur.

Ce sont des vers de Dorat, qu'on ne devroit pas cesser de répéter à cet honnête Carpentier.

Les seuls rôles où il se montre encore tel qu'il étoit dans ses plus beaux jours, sont ceux de *Scarron* (dans le vaudeville de ce nom) et du garde-chasse, *Lafut* dans Florian.

CAUMONT.

Théâtre Français.

Il remplit avec succès les rôles à manteau, et ce qu'on nomme l'emploi des financiers.

Cet acteur a une grande habitude de la scène, des manières franches, des gestes faciles, du naturel, des intentions comiques, une diction juste, enfin tout ce qui constitue le vrai talent.

On lui reproche avec raison d'être trop souvent le même, de ne pas éviter assez soigneusement le ton de la bourgeoisie subalterne, les grimaces, en enfin de *charger* quelquefois dans certains rôles où il faudroit une tenue de bonne compagnie.

Quoi qu'il en soit, on peut le regarder comme un talent du premier ordre, et je ne connois que Grandmesnil qui puisse lui être comparé dans son emploi; il me semble que Caumont a plus de moyens physiques, mais que son émule a plus de finesse de tact. L'un a plus de rondeur, plus de grosse gaieté, plus de franchise; l'autre a un comique plus fin, plus chaud, plus varié. Enfin, l'un réussit en suivant tout bonnement l'impulsion première de sa *verve*, et l'autre entraîne tous les suffrages par une combinaison savante de l'art et de la nature. Choisisse maintenant qui pourra entre deux rivaux si bien partagés.

CAUVIN.

Théâtre de l'Impératrice.

Cauvin!... Attendez que je me rappelle... Ah! bon, j'y suis; c'est M. Cauvin qui joue à ce théâtre les rôles de pères dindons, d'intendans, et de vieux serviteurs. Il a quelqu'habitude de la scène, et sa figure est celle d'un honnête homme, mais pour devenir bon comédien il auroit encore du chemin à faire; or, ce n'est plus guère à son âge que l'on entreprend de longues routes. UTILITÉ et rien de plus.

CAZOT.

Théâtre des Variétés-Montansier.

Chanteur agréable, acteur médiocre.

CÉSAR.

Théâtre des Variétés, boulevard Montmartre.

Cet acteur-chanteur, dont la voix étoit réputée l'une des plus belles hautes-contres, a rempli, pendant vingt ans, avec le plus grand succès, l'emploi des Colins au théâtre Montansier; il s'en tient aujourd'hui aux conseils, et ne se mêle plus guères que de l'administration.

CHAPELLE.

Théâtre du Vaudeville.

Il est en possession de l'emploi des *Cassandre*, où il se fait presque toujours applaudir; mais il ferait bien de s'y borner. Il en porte le ton, la voix et les manières dans presque tous les rôles d'un autre genre qu'il ose *aborder*; et c'est ainsi qu'il a dégradé *Lafontaine*, dans la jolie pièce de ce nom; mais si le cercle de ses attributions est étroit, s'il a le malheur encore d'avoir la voix cassée et la mémoire très-infidèle, il n'en faut pas moins rendre justice à la vérité de son jeu, à la franchise de sa bonhomie et de sa gaieté dans tous les rôles qui ne sortent pas de ses véritables attributions :

il y est sans copies, comme sans modèles.

LE N...

CHESNARD,

Opéra-Comique.

Avant de s'attacher à l'Opéra-Comique, *Chesnard* sortant du théâtre de Bordeaux, avoit débuté à l'Académie royale de musique (le 18 avril 1782, c'est-à-dire, il y a vingt-cinq ans), et voici le jugement qui en avoit été porté par un journaliste :

« M. *Chesnard*, jeune acteur de Bordeaux, qui n'avoit point encore paru sur le théâtre de l'Opéra, a débuté hier dans Colinette à la Cour, par le rôle de Julien. Sa voix a paru belle, et son jeu plein d'intelligence. On a eu lieu de s'apercevoir qu'il étoit exercé depuis longtemps dans ce genre. Les applaudissemens réitérés qu'il a reçus font présumer qu'il sera revu avec plaisir. Il seroit difficile de prévoir s'il peut espérer les mêmes avantages dans les rôles tragiques; mais la qualité de sa voix, la netteté de sa prononciation, et la justesse de ses sons, le le rendront toujours un sujet précieux pour ce théâtre. »

Quelques jours après ce premier début, qui laissoit douter de son talent pour le genre héroïque, Chesnard osa s'essayer dans le rôle d'Oreste, d'Iphigénie en Tauride, et l'on va voir par un autre article du même journal, si la nouvelle tentative de cet acteur fut aussi heureuse qu'il pouvoit l'espérer.

« Le sieur Chesnard a joué le rôle d'Oreste; cet acteur n'a point démenti la bonne opinion qu'il avoit donnée de ses talens, quoique dans un genre entièrement opposé. Sa figure est pleine d'expression, ses attitudes nobles et bien dessinées.

« Il est aisé de voir qu'il a une grande habitude du théâtre ; et s'il n'a pas fait dans le second acte autant de plaisir que dans les deux suivans, il faut attribuer cette disparate à la timidité inséparable d'un début, et à l'embarras de paroître en scène avec des acteurs, au jeu desquels il ne pouvoit être accoutumé ; on lui doit la justice d'ajouter qu'il a rendu plusieurs endroits d'une manière neuve, et absolument à lui. Nous citerons pour exemple ce vers du troisième acte :

Eh bien, Pilade, est-ce à toi de mourir ?

Il a su, sans copier l'excellent modèle qu'il avoit sous les yeux (M. Larrivée), donner à cette situation tout l'intérêt et le pathétique dont elle est susceptible. »

Voici maintenant le jugement que l'un de nous en a porté dans la Lorgnette des Spectacles (en 1801) ; nous n'y avons trouvé que peu de chose à changer :

« Cet acteur n'a pas précisément un talent parfait ; mais du moins il est presque toujours plaisant. Personne ne se costume d'une manière plus grotesque dans la caricature, et n'a sur la scène autant de cette hardiesse heureuse qui fait valoir le talent, et qui en tient quelquefois lieu. Il a le ton ferme et les manières franches, la figure expressive et propre à tous les rôles qui n'exigent pas de véritable noblesse. Le caractère qu'il saisit le mieux est celui de la brusquerie joviale, de la bienfaisance bourrue ; il est très-bien placé dans les rôles à tablier, sous la casaque de geolier ou sous l'habit de soldat ; et en général dans tous les emplois qui exigent de la rondeur, de la grosse gaieté, et une mine de caricature ».

« Sa diction n'est pas étudiée ; mais comme il parle presque toujours comme il sent, elle est presque toujours aussi dans le ton de la nature : on pourroit lui reprocher quelquefois certaines licences peu permises au théâtre, des regards dans la salle, des phrases de sa composition, une espèce de bouffonnerie trop chargée ; mais il sait, quand il le faut, rentrer dans les bornes de la convenance théâtrale, et il n'est pas sujet à cette censure quand il a cru voir dans les loges un public digne de le juger ».

Chesnard est bon musicien ; il à une belle basse-taille, et il chante fort bien quand il le veut (quoique toujours un peu lourdement) ; mais le desir de se faire applaudir par de longues tenues, fait qu'il ne ménage pas assez sa voix, et lui ôte souvent le moyen de moduler.

Quoi qu'il en soit, peu d'acteurs sont aussi justement aimés du public, et se dévouent comme lui, sans réserve, aux intérêts de leur société.

Chesnard est, de plus, un excellent convive, également ami des arts, des femmes et de la bonne chère.

CHEVIGNI. (Mlle)

Académie Impériale de Musique,
(Ballets.)

Sa danse est remplie d'expression. Talent du premier ordre pour le fini des pas, la beauté des attitudes, le jeu de la physionomie, et l'éloquence de la pantomime.

Il est seulement à craindre que l'embonpoint dont elle est menacée, ne lui fasse perdre un peu de sa grace, et beaucoup de sa légèreté.

CHOLET. (Mlle)

Académie Impériale de Musique.

Belle voix, belle représentation; du zèle et de l'intelligence. — Méthode de chant qui auroit besoin d'être perfectionnée; peu de noblesse dans le débit et dans la démarche; tenue médiocre; sujet utile, mais jusqu'à présent du second ordre. — Sa mauvaise santé nuit à son talent.

CLOSEL.

Théâtre de l'Impératrice.

Très-bel acteur, qui a donné de grandes espérances, et qui ne tient pas tout ce qu'il promettoit.

Il est pourtant aimé du public, et d'une grande utilité à son théâtre.

Avec sa taille et le caractère de sa figure, il sembleroit ne devoir jouer que les rôles de marquis et d'amoureux nobles, mais par une bizarrerie inconcevable, il semble ne se plaire au contraire que dans les demi-caricatures, aussi joue-t-il avec beaucoup d'empressement les incroyables, les gentillâtres ridicules, les militaires mauvaises têtes, les pédans, et surtout les rôles de niais, où il se montre le digne émule de Brunet. (Voyez le Carnaval de Beaugency.)

Ce n'est pourtant point là sa vocation, ce n'est pas pour en faire un bouffon que la nature l'a comblé de tous les avantages physiques ; il est incroyable qu'ayant, du moins en apparence, plus de moyens que personne pour se présenter à la Comédie française, avec le turban d'Orosmane, le casque d'Achille, ou l'armure chevaleresque de Tancrède, il n'ait pas même songé à s'exercer dans le genre du haut comique (celui de Grandval et Bellecour) et qu'il croye avoir assez fait pour sa réputation, quand il a joué passablement des rôles grotesques, où le plus laid, le plus grotesque des farceurs pourrait au moins se flatter de l'égaler.

Avec ses belles dispositions, je le répète, si Closel, étudiant les bons auteurs, et les bonnes traditions, et observant surtout le ton, les mœurs, les manières du grand monde, vouloit se purger de la souillure des boulevards, je ne doute nullement qu'il ne fût encore à même de se distinguer dans les grands rôles de la haute comédie ; que sais-je même d'y remplacer un jour Fleury, et de *rivaliser* avec Lafont... mais ce ne sont là que des conjectures, et, comme disent les gens du peuple, *il y a bien loin encore d'ici à Rome.*

Les rôles qui, jusqu'à ce jour, ont fait le plus d'honneur à l'intelligence de cet acteur, et qui du moins sont d'un genre sortable, sont *le Menuisier de Livonie*, où il entremêle très-adroitement la naïveté d'un jeune paysan avec les sentimens de noblesse et d'héroïsme que son père lui a transmis; l'*Emile de la femme colère*, le jeune lieutenant dans *une Heure d'absence*, l'officier prussien dans le *Trésor*, et le jeune médecin dans l'*Influence des perruques;* il n'est jamais plus plaisant peut-être que dans les rôles où il faut une gravité affectée, et un imperturbable sang-froid. Ceux d'amans tendres et passionnés paroissent moins à sa convenance; ou plutôt, comme il n'y en a qu'un petit nombre de cette espèce dans son répertoire, il y paroît beaucoup moins habitué.

CLOTILDE.

Ballets de l'académie impériale de musique.

Elève de *Vestris* le père, (autrement dit le grand Vestris.)

L'académie impériale compte parmi ses danseuses, des talens supérieurs à celui de mademoiselle *Clotilde*, qui laisse souvent à désirer du côté de l'exécution; mais il seroit difficile de trouver une beauté plus digne de représenter dans la perspective théâtrale, l'altière Bellone, la superbe Junon, Diane, Vénus et Calypso; ce n'est pas sa figure que l'on admire, ce sont les belles formes de sa taille, la noblesse de sa démarche, son port de Reine, ses développemens faciles et hardis, l'expression de sa pantomime; en un mot l'ensemble imposant de sa personne.

Ses principes de danse sont d'ailleurs excellens, mais de même que nos célèbres peintres d'histoire dédaignent le genre de la miniature, mademoiselle Clotilde, se croit en droit de mépriser le fini des détails, et ne s'occupe guère que des grands développemens; son *faire est large* diroit un artiste, qui y trouveroit en outre le *Grandiose* dont on nous parle tant aujourd'hui, mais, moi, qui connois la malice de mes lecteurs, et tout l'inconvénient d'un mot équivoque dans le siècle des calembourgs, je me garderai bien d'employer ici ce fatras néologique; si quelqu'un doit mépriser l'abus d'esprit, et notamment celui des pointes, c'est sans doute mademoiselle *Clotilde* à qui la chronique prête le trait suivant.

« Elle étoit au bal de l'opéra déguisée en officier de dragons. « Mon colonel, lui dit un plaisant, oserois-je vous présenter mon petit-frère qui brûle de servir dans votre corps?... — Pourquoi, non, monsieur, s'il est de taille? répondit en riant la belle dansense: » la chronique ne dit pas ce qui en *advint*, mais peu nous importe de le savoir ; ce qu'il y a de sûr, et voilà l'essentiel, c'est que mademoiselle *Clotilde* a beaucoup d'esprit, et un très-bon ton de société.

GLOTILDE SAINTE-SUSANNE-PATRAT.

Théâtre des Variétés étrangères.

Il ne faut pas que cette actrice prenne au pied de la lettre tous les complimens que lui adresse le journal des débats, à la recommandation de MM. N... B...V... C..., Z; elle se croiroit une comédienne parfaite, et ce seroit une petite erreur préjudiciable à son talent; nous avons été les premiers à vanter son éclat (à la scène) le timbre flatteur de sa voix, les graces naturelles de sa tournure et de son maintien, et même l'élégante justesse de sa diction, mais l'intérêt qu'elle nous inspire nous fait un devoir d'ajouter, que ses graces sont un peu monotones, que son à-plomb va quelquefois jusqu'à la pesanteur, que son jeu manque de mouvement et d'expression ; enfin, que si elle joue très naturellement l'indifférence et l'indolence d'une petite maîtresse à vapeurs, elle ne réussit pas aussi bien dans les rôles vifs et passionnés ; elle a du goût et un excellent ton de comédie, mais le *vis comica* paroît lui manquer.

COLOMB (Emilie.)

Académie Impériale de Musique.

Peu de danseuses ont autant de vigueur dans le jarret, prodiguent plus facilement les entrechats de toute espèce, et plaisent davantage au public.

Sa taille un peu trop ramassée s'oppose au genre de développement qu'exigent les danses sérieuses et demi-sérieuses, mais si Mlle Emilie Colomb ne brille point par l'élégance pittoresque des attitudes, elle nous en dédommage par l'expression vive et piquante de sa physionomie, et par l'étonnement que causent toujours aux spectateurs la force et la précision de ses mouvemens.

Cette danseuse s'est fait beaucoup d'honneur dans le divertissement d'Acys et Galathée, par la manière dont elle exécute un pas de bacchante que Duport semble avoir calqué sur ce charmant dessin de Dorat :

Indifférente et libre, une Nymphe des bois
Pour seule arme aux amours opposoit son carquois
Et souvent renversoit de ses flèches rapides
Le faon aux pieds légers, et les biches timides.
Errante, l'arc en main, de réduit en réduit,
Un Faune l'aperçoit, s'enflamme et la poursuit.
Voyez les mouvemens dont leur ame est atteinte ;
Et l'aile du désir est le vol de la crainte (1).
Ils s'éludent tous deux par d'agiles détours ;
Le Faune joint la Nymphe, elle échappe toujours.
Elle se sauve enfin, tremblante, sans compagne,
Et gagne en haletant le haut d'une montagne.
Là se laissant aller près d'un arbre voisin,
Son col abandonné touche au lis de son sein.

---

(1) Ceci nous paraît pourtant un peu galimatias.

Le Faune reparoît, il tressaille de joie
Et retrouve sa force en retrouvant sa proie.
Ses yeux sont des flambeaux, ses pas sont des éclairs ;
Une flèche est moins prompte à traverser les airs.
La COLOMBE se lasse et sent foiblir son aile.
Au front de son amant l'espérance étincelle ;
Il va toucher, il touche au terme de ses vœux ;
Son soufle de la Nymphe agite les cheveux ;
Il la tient dans ses bras, il demande sa grace :
Le Faune s'embellit, la Nymphe s'embarrasse,
Se livre par degrés à ce trouble enchanteur,
Tombe, se laisse vaincre, et pardonne au vainqueur.

Elle a rempli aussi avec beaucoup de graces, de finesse et de légèreté le rôle de la soubrette dans le ballet du Barbier de Sévilie. — Au mérite qu'elle a comme danseuse, Mlle. Colomb joint celui de jouer très-passablement la tragédie, de faire des vers agréables, et de s'énoncer dans la conversation avec infiuiment de goût et de ustesse.

CONTAT, (Louise).

Théâtre Français.

Sa destinée est une nouvelle preuve qu'il ne faut pas toujours juger du talent d'une actrice, par le succès bon ou mauvais de ses débuts. Quand Mlle. Contat parut pour la première fois au théâtre français, ce fut sans y faire le moindre bruit, et beaucoup d'amateurs la condamnaient déja à n'être jamais qu'une comédienne médiocre; mais environ huit ans après, *le Mariage de Figaro* lui fournit une occasion de faire casser la sentence fatale, et depuis ce temps chacun des rôles qu'elle a successivement remplis, a été pour elle un nouveau triomphe.

Le talent de Mlle. *Contat* a subi plusieurs révolutions. *Tendre amoureuse* à son début, elle ne tarda guères à prendre les rôles de jeunes coquettes, qu'elle joua avec un succès soutenu pendant huit ou dix ans environ ; puis elle s'empara de l'emploi des grandes coquettes, en y ajoutant, comme avoit fait madame Préville, les rôles de mères nobles, et les demi-caractères.

C'est là qu'elle en est aujourd'hui ; *Madame Evrard*, Madame de Clainville, Célianthe, la Gouvernante, la femme du Tartuffe, la belle Fermière, Madame de Sévigné, la comtesse Almaviva, la Mère coupable, etc., sont maintenant ses rôles les plus marquans ; ceux du théâtre de Marivaux sont ses rôles favoris.

Mademoiselle Contat a la figure belle et noble, le regard vif et plein d'esprit ; elle fait oublier, par l'aisance de ses manières et la grace de son maintien, les formes un peu matérielles de sa taille. Sa diction, toujours juste, ne permet presque jamais de soupçonner l'art ; elle ne laisse échapper aucune des intentions de l'auteur, elle ne néglige aucune ressource comique ; ses inflexions de voix sont si habilement variées, si naturellement d'accord avec l'esprit de la chose et la valeur du mot, que son débit a toujours l'air improvisé, et qu'on ne peut guères supposer une autre manière de dire.

Les personnes qui ont été à même de suivre cette actrice dans le plus grand nombre de ses rôles, prétendent qu'elle auroit eu encore plus de succès dans l'emploi des soubrettes que dans celui des grandes Coquettes, où elle sacrifie quelquefois, sur-tout à présent, le ton de la très-bonne compagnie, au plaisir d'égayer la multitude ignorante ; en effet, le rôle de Susanne, dans le mariage de Figaro, est peut-être ce qui lui a fait le plus d'honneur dans tout le cours de sa vie théâtrale ; il eût été impossible d'y mettre plus de finesse, de gaîté, de légèreté, de grace et de souplesse de talent ; et, quelque séduisante qu'elle nous ait paru depuis dans la comédie des Fausses Confidences, dans celles du Legs, du Cercle, et du Philosophe Marié ; elle n'a pas laissé d'y faire sentir quelques réminiscences de cette même Susanne, c'est-à-dire, de plaire au public par des moyens plus comiques que relevés.

Aussi, est-ce maintenant dans les rôles d'un genre mixte, participant plus ou moins de la finesse un peu libre des soubrettes et des mœurs faciles de nos coquettes modernes, qu'elle se concilie le plus de suffrages ; rien n'égale la profondeur de son talent dans le rôle de madame Evrard (du Vieux Célibataire), l'un des plus dramatiques et des mieux conçus du théâtre ; elle est également admirable, et par la même raison, dans les Deux Pages, et dans la Belle Fermière.

Mademoiselle Contat approche peut-être moins de cette perfection dans les rôles pathétiques et à grands développemens ; le caractère de la douleur s'imprime difficilement sur sa piquante physionomie, et des larmes coulent rarement de ses yeux ; mais on ne peut raisonnablement lui reprocher ce défaut, qui tient plus à son organisation physique qu'à son cœur et à son esprit ; sa voix n'a point d'inflexions naturelles pour l'expression du sentiment, et néanmoins il est juste de dire qu'après avoir joué deux fois un peu foiblement le rôle terrible de la *Mère Coupable*, elle est parvenue à le rendre avec une apparence de chaleur et d'énergie qui a généralement fait illusion.

Au total, cette actrice fera époque dans les fastes du théâtre, et laissera toujours la réputation de la comédienne la plus piquante, la plus spirituelle qui ait existé depuis près d'un siècle.

C O N T A T, (Emilie)

Théâtre Français.

Sœur de la précédente.

On a long-temps reproché à cette jolie actrice de l'indifférence pour son art et ce n'a pas été, du moins sans quelque apparence de raison ; mais elle paroît enfin se piquer d'honneur, et le temps perdu est réparé ; tout ce qu'on peut lui souhaiter maintenant, c'est *courage* et *persévérance.*

Quelle perte, en effet, pour la comédie, si mademoiselle Émilie *Contat*, ne mettoit pas à profit tous les avantages dont la nature l'a comblée ! Je ne la crois point apelée à briller par-dessus toutes ses rivales, dans le théâtre de Marivaux ; les vaines subtilités de cet auteur, dont Voltaire disoit si spirituellement : « il connoît bien les petits sentiers du cœur, mais il n'en prend jamais la grande route, » forment un contraste trop frappant avec la physionomie ouverte de cette actrice, avec ses manières franches, fermes et délibérées ; mais bien loin de lui en faire un reproche, je prétends l'en féliciter ; on ne la comparera pas à mademoiselle Devienne, qui porte, peut-être avec plus d'art le tablier de dentelle et les pompons, et qui lui est encore supérieure dans l'art de faire scintiller de jolis riens ; mais les habitués du théâtre, ceux qui aiment à se rappeler le bon vieux temps de la Comédie Française, trouveront dans la personne de mademoiselle Émilie Contat, une nouvelle madame Bellecour ; et, que mademoiselle Émilie Contat ne se plaigne pas de leur illusion ; cette bonne Bellecour n'étoit qu'une servante, mais la servante de Molière va de pair avec toutes les soubrettes.

Voici au surplus ce qu'en dit un de ses contemporains (1) ; qu'on juge s'il ne se trouve pas entre elle mademoiselle Émilie Contat, une frappante analogie :

« La nature avoit doué madame Bellecour d'une figure charmante, dont les traits vifs et animés se prêtoient surtout à l'expression de la joie ; d'un organe franc, même un peu brusque qui convenoit parfaitement à son emploi. Elle

(1) M. de la Reynière.

avoit, ce qu'on appelle un talent vrai, dont tous les élémens étoient en elle-même, et auquel l'art ne paroissoit point avoir eu de part.

C'est surtout dans les servantes, et dans les servantes de Molière que madame Bellecour déployoit tous ses avantages et montroit un talent que rien n'a pu faire encore oublier. Avec quelle force, quel nerf, quel à-plomb elle jouoit la Dorine du Tartuffe, la Martine des Femmes Savantes, la Nicole du Bourgeois Gentilhomme!

(C'est aussi là que brille mademoiselle Emilie Contat.)

Dans ce qu'on appelle les *soubrettes habillées*, elle n'étoit plus la même, et elle a brillé dans peu de rôles nouveaux, précisément parce que la plupart de ces rôles ne sont pas dans la nature; et que nos auteurs modernes ont fait de leurs soubrettes et de leurs servantes des petites-maîtresses à jargon, que le tablier seule distingue des amoureuses.

Voilà mot pour mot ce qu'il faudra dire de Mlle. Emilie-Contat, si, comme tout l'annonce, elle ne se lasse point de travailler; ou si, du moins, on ne s'arrange pas au théâtre pour l'empêcher de jouer les rôles qui lui conviennent.

Elle n'est pas ou elle ne paroît pas encore aussi avancée dans son art que l'ingénieuse et piquante Devienne, mais j'oserai dire qu'elle suit une meilleure route ; parce qu'il me paroît que dans la comédie, le naturel vaut mieux que l'esprit ; et que les mines les plus séduisantes ne valent pas la franche gaîté.

Les rôles où le public paroît goûter cette actrice, par préférence à toute autre, sont : *Dorine* du Tartuffe, *Lisette* du Légataire ; *Babet* du Jaloux Désabusé, (dans lequel par parenthèse on se plaît à lui faire l'application des vers suivans qui se trouvent dans la bouche d'une autre soubrette :

« A vous voir j'ai bien cru que vous étiez habile,
« Mais je ne pensois pas que ce fût à ce point,
« Vous répondez à tout et ne balancez point. »

Martine des Femmes Savantes, *Nicole* du Bourgeois Gentilhomme, et *Finette* du Dissipateur.... Ce sont, comme il est aisé de le prouver, les plus beaux rôles de l'emploi.

CONTAT, (Amalric)

Théâtre Français.

Quoique cette jeune *soubrette* soit loin de ressembler à sa mère, l'une des plus belles personnes du théâtre, c'est injustement qu'on en fait l'observation;

> Sans être belle, on est aimable,
> On a certain air agréable.

(*Ambroise ou Voila ma Journée.*)

Elle a quelque chose dans la physionomie qui rappelle mademoiselle *Joly*, et il n'en faut pas davantage à une soubrette pour inspirer de l'intérêt aux amis de l'art dramatique.

Voici ce qu'on trouve dans le Journal de Paris du 5 février 1805, au sujet du premier début de cette jeune personne.

« Mademoiselle Amalric Contat a commencé par le rôle de Dorine dans le Tartuffe, et a fini par la soubrette du Cercle;

elle a été vivement applaudie d'un bout à l'autre de la représentation, et madame Contat, sa mère, qui jouoit avec elle dans les deux pièces, l'a été encore davantage. A leur première entrée, surtout, ces deux actrices ont excité un grand intérêt, et le public a porté si loin ce sentiment, qu'à force de battre des mains on a fait répandre des larmes à la mère.

C'étoit assurément faire pleurer Thalie, etc.

Mademoiselle Amalric Contat, ne doit pas tout-à-fait prendre au pied de la lettre ces complimens de M. Chazet.

Oui, Dorine a sans compliment,
Quoique rose naissante
De la grace comme à seize ans,
Du talent comme à trente;
Toujours juste dans son débit
Fidèle au sens du *rôle*,
Sa figure promet l'esprit,
Et son jeu tient parole.

D'honneur, c'est un double trésor
Que Dorine et Lisette,
Son œil en scène parle encor,
Quand sa bouche est muette;
Voyant son air et son maintien,
On crioit au parterre:
Ah qu'elle est bien! ah qu'elle est bien.
La fille de sa mère!

Cependant

« *S'il faut fermer l'oreille aux propos des galans* »

Il ne faut pas se laisser décourager par les critiques injurieuses. On a reproché à mademoiselle *Amalric* d'avoir appris sa leçon *machinalement*, et de n'être en quelque sorte qu'un *perroquet* de toilette; c'est une autre exagération; l'intelligence précoce de cette actrice entre pour beaucoup au contraire dans sa manière de s'exprimer, et nous ne pouvons mieux faire que de rappeler encore à ce sujet l'opinion du journal que nous venons de citer.

« Cette méthode, il est vrai, quoique sensiblement améliorée, n'est pas encore sans défaut ; on doit dire à mademoiselle Amalric Contat que ses gestes ne correspondent pas toujours comme il le faudroit avec les nuances de sa diction ; que sans cet accord parfait du geste et de la parole, il n'y a point de débit éloquent, point de vérité, point *d'entraînement.* Ses bras sont trop continuellement serrés contre sa taille, sa démarche a quelque chose de gêné; enfin les connoisseurs exigeans, trouvent un peu de sécheresse dans son jeu, et voudroient une gaîté plus franche, un comique plus expansif ; mais aussi, il n'y a personne qui, (en y regardant de près) ne reconnoisse dans sa manière de dire, une grande finesse d'intention. Sa prononciation est nette et ferme, ses inflexions de voix sont justes et variées, son jeu de physionomie n'est pas sans expression ; en un mot, elle possède dès-à-présent tout ce qui forme le germe d'un talent réel ; et ses défauts les plus marquans ne tiennent qu'à son inexpérience ».

Ajoutons que le plus grand défaut de mademoiselle Amalric est de jouer à la scène comme dans le salon de Madame sa mère, c'est-à-dire, sans proportionner le développement de ses moyens comiques à la grandeur de la salle et à l'éloignement du spectateur. Les personnes placées à l'orchestre ou au balcon, rendent généralement justice à la finesse de son jeu, parce qu'elles sont à même d'en bien voir et d'en apprécier les ingénieux détails ; mais tout cela se confond et s'efface dans la perspective, et voilà pourquoi tant de gens, réputés connoisseurs, ont injustement condamné le talent de cette débutante à une invariable médiocrité.

CORSSE.

Directeur de l'Ambigu-Comique.

Les divers rôles de *madame Angot*, de *M. Botte*, etc., qu'il jouoit d'une façon très-grotesque, ont commencé sa réputation à Paris ; il a beaucoup d'intelligence, mais sa manière est quelquefois triviale ; est-ce toujours la faute de ses rôles ?

COUSIN-PICARD. (Mlle.)

Théâtre de la Gaîté.

Intelligente et zélée; mais ses moyens ne répondent pas toujours à ses intentions.

COUTRE (Le)
(M.me)

Théâtre des Etrangers rue Saint-Martin.

Elle joue avec intelligence les duègnes et les caricatures. Cette actrice a été l'une des plus jolies femmes de son temps, et il n'est pas difficile de se le figurer en examises traits.

CRESPY-BIANCHI. (Mme.)

Opéra-Buffa.

Est-ce Vénus, est-ce Minerve, ou madame Crespy qui s'avance ? La belle tête, les beaux bras, quelle souplesse ! quelle élégance ! quelle démarche noble et gracieuse... Le moyen de dire maintenant que cette adorable Italienne n'a pas une méthode musicale bien assurée ; qu'elle *n'attaque* pas toutes les cordes hautes avec une égale justesse ; que tous les agrémens de son chant n'ont pas la légèreté, le brillant et *le fini* desirables ? Laissons cette sévérité presque *cynique* aux critiques sexagénaires. Mlle *Crespy* est jeune, très-jeune, sa voix a du corps, un beau timbre, une grande étendue.

« Son geste, ses regards, sa voix et ses discours
« Font mourir mille amans et naître mille amours».

N'en demandez pas davantage.

CRESPY (Mme.), mère,

Opéra-Buffa.

Que dirons-nous de cette *Donna* ?...
Rien ; si ce n'est :

« Quand vous voulez chanter, commencez par
vous taire,
et finissez toujours de même.

CRÉTU (Mme.),
Opéra-Comique.

« Personne au théâtre de l'Opéra-Comique ne peut remplacer madame Crétu dans les rôles de mère-noble, qui exigent à la fois une belle représentation, des sentimens héroïque et des *moyens* prononcés. Elle a un fort bon ton de comédie, une intelligence parfaite ; son geste est facile et gracieusement développé, sa tenue décente et son ensemble plein de noblesse ; mais on lui reproche, avec quelque raison, de viser un peu trop à l'effet, de n'avoir pas toujours le ton de la nature ; et enfin, d'étudier les détails d'un rôle avant que d'en avoir conçu l'ensemble. Quant à sa manière de chanter, nos *merveilleux* la trouvent du vieux style, parce qu'elle ne brode pas les airs à la façon des *bouffes*, ou parce qu'elle ne couvre pas d'une voix terrible les cors, les trompettes, les *trombone* d'un orchestre diabolique. Mais si madame Crétu n'offre pas ces deux avantages aux amateurs de bruit et de roulades, elle trouve, du moins, le secret de plaire aux personnes qui aiment le chant pur et la musique déclamée, c'est-à-dire, aux fidèles partisans de l'inimitable Grétry ; il faut dire pourtant que sa voix paroît quelquefois aigre, et qu'elle n'est pas toujours sûre de ses moyens ».

Nous n'ajouterons rien à cette notice, si ce n'est que depuis quelques années madame Crétu, victime des mille et une cabales qui se croisent à l'Opéra-Comique comme dans tous les autres théâtres, a peu de rôles importans à remplir, et n'est plus à même de soutenir la brillante réputation qu'elle s'étoit justement acquise en suivant les traces de madame Dugazon.

CRETU.

Théâtre des Variétés-Montansier.

Cet acteur qui ne manque pas d'intelligence étoit fort aimé dans les villes de province, parce qu'il se livroit entièrement à son état; maintenant qu'il est Directeur de spectacle, et qu'il ne s'occupe plus guère que d'un travail administratif, il échappe à l'éloge et à la critique. Les auteurs se louent pourtant beaucoup de sa politesse et de son zèle à obliger.

CUISOT. (Mlle)

Théâtre des Variétés-Montansier.

La hauteur de sa taille, et la vivacité hardie de son regard, contrastent un peu avec les rôles de *jeunes amoureuses*, qui sont la plus belle partie de son emploi : cantatrice agréable, elle manque de méthode ; et sa voix, plus étendue que celle de Mlle Caroline, est loin d'en avoir la juste et douce flexibilité.

A tout prendre, c'est un sujet intéressant, qui a donné de grandes espérances, mais qui ne se presse pas de les réaliser.

V... rs.

DACOSTA, (Mad^e.)

Variétés Étrangères; théâtre de Molière.

Elle est une nouvelle preuve de cette vérité, qu'avec une profonde intelligence, de l'adresse et du zèle pour l'étude, une femme de théâtre peut, jusqu'à un certain point, se passer des avantages de la figure. Madame *Dacosta*, est d'une complexion foible et grêle ; sa voix annonce une poitrine fatiguée ; et cependant madame Dascosta joue avec plus de succès, que beaucoup d'actrices robustes, les rôles pathétiques et de longue haleine ; on ne perd pas une syllabe de ce qu'elle dit, et ce qu'elle dit a toujours de la grace et de l'expression. Il faut lui conseiller cependant, moins encore pour sa santé que pour sa réputation, de s'en tenir, tant qu'elle le pourra, au genre de la comédie; outre qu'il est de tous points préférable à celui des drames fantasmagoriques, elle y est aussi bien plus digne de nos applaudissemens. La façon dont elle a joué le rôle de la baronne dans le joli acte du *Mari Hermite*, lui a fait le plus grand honneur.

DAMAS.

Théâtre Français.

Si j'étois auteur dramatique, et qu'il me fallût opter entre lui... et Talma, par exemple, pour un rôle dont je redouterois l'effet, je ne balancerois pas à le choisir. Il n'y a pas d'acteur au théâtre qui possède mieux la magie, ou si l'on veut le charlatanisme de son art, et sache mieux *enlever* un succès.

Tout son secret consiste, je l'avoue, à être constamment au-delà du vrai, et à marquer de bizarres transitions.

S'agit-il d'exprimer les alternatives de

la fureur et de l'amour ? il *arpente* vivement le théâtre, parle avec une extrême pétulence, et fait un bruit de *premier rôle*; puis, changeant tout-à-coup le son un peu âpre de sa voix, et le mouvement de son débit, il ne fait plus entendre que des accens flûtés et carressans, comme pour exhaler en madrigaux tout ce que la fine galanterie a de plus suave et de plus délicat.

Veut-il peindre le dernier degré du désespoir ? Il se compose au fond de la gorge, une petite voix de fausset dont les sons entrecoupés par de petits hocquets ou sanglots, semblent annoncer que la douleur l'étrangle. Qu'on joigne à cela les mouvemens de tête, le tremblement, les palpitations de poitrine, etc., et l'on conviendra qu'à moins d'avoir fait une étude particulière du théâtre, il n'est pas facile de résister à l'entraînement.

La vérité est, d'ailleurs, que Damas se donne à lui-même des élans qui l'échaufsent jusqu'à l'enthousiame, et qu'alors, sans trop examiner si tout cela part d'un principe naturel ou factice, il faut bien lui tenir compte des sensations qu'il sait produire.

« L'effet en est trop *chaud* pour en blâmer la cause. »

Il arrive même que l'auditeur le plus sévère est forcé de dire par réflexion, cela est faux, mais je suis ému.

Je crois juste d'ajouter que Damas a un zèle, une ardeur infatigables, et que son talent, comme tout se qui ne porte point un caractère déterminé, se plie facilement à tous les genres; tragédie, drame, comédie, il joueroit jusqu'au mélodrame. Par-tout avec la même adresse il obtient le même succès; mais, c'est selon moi dans la comédie larmoyante ou dans le tragique bourgeois qu'il se montre le plus étonnant: il faut le voir dans les rôles de *Desronais*, de *Saint-Albin*, de *Darviane*, et surtout dans *Mélanie*, ou *l'Abbé de l'E-*

pée pour se faire une idée de toute son énergie. C'est un acteur qui *brûle les planches*, disent les gens de l'art ; et, quelque bizarre que soit cette expression on n'en trouveroit peut-être pas de meilleure.

Au surplus si Damas a de l'affectation dans son jeu, s'il pousse trop à l'exagération en tous sens, enfin s'il est plus jaloux d'arracher des applaudissemens à la multitude que de plaire au petit nombre des connoisseurs, on ne peut lui refuser un grand fonds d'intelligence ou *d'instinct;* du feu, de la force, et même de l'éloquence ; c'est en un mot, *l'acteur de ressource* par excellence, l'acteur des cas désespérés.

Quelques leçons qu'il a reçues de *Molé*, lui ont été extrêmement utiles dans les premiers rôles de la comédie, et il en est plusieurs où, avec moins de finesse et de légèreté que *Fleury*, il seroit beaucoup plus convenablement placé. De ce nombre sont *l'Amant Bourru*, *le Joueur*, *l'Al-*

ceste du Philinte de Molière, *l'Avocat*, etc., et tous ceux qui exigent une manière ferme et dramatique; il est très-bien encore dans ceux qui demandent un talent *composé*, tels que le *Bergearss* de la Mère Coupable; et j'ignore pourquoi il n'a point entrepris *Tartuffe*. Peut-être lui est-il réservé d'y surpasser tous ceux qui ont joué ce beau rôle depuis vingt ans; ce ne seroit pas pour lui un petit honneur.

Les personnages qui lui conviennent le moins, sont ceux des marquis-petits-maîtres, parce qu'il veut trop y copier le papillotage de Molé; cette manière s'accorde mal avec le caractère de sa figure et la pesanteur de ses *poses*. Son persiflage trop travaillé, porte une teinte de pédantisme qui en détruit tout le comique; il est à remarquer que Damas a peu de gaîté naturelle, et que lorsqu'il est forcé de rire, il ne s'en acquitte presque jamais, sans paroître se faire un effort. Voilà pourquoi les connoisseurs ont été généralement peu contens de sa façon de jouer le rôle de *Henri V*, personnage royal dont les travestissemens paroissent ignobles, lorsque l'acteur ne cherche point à les faire excuser par tout ce que l'étourderie d'un jeune homme a de plus gai et de plus brillant. La moindre apparence d'apprêt dans un pareil rôle est un contresens manifeste (1).

Mes lecteurs remarqueront peut-être que mes articles les plus sévères sont ceux qui ont pour sujet les premiers talens du théâtre. Rien n'est plus facile à expliquer; ces premiers talens attirant tous les regards, faisant l'objet de tous les entretiens, méritent bien plus que d'autres les honneurs d'un examen raisonné ; ils sont aussi plus en état de le supporter ; et pour me servir d'une comparaison physique, telle eau forte qui consume une faible étoffe, n'agit sur le marbre que pour l'épurer.

---

(1) La Jeunesse d'Henri V est l'une des plus jolies pièces de M. Al. Duval.

DARANCOUR,

Opéra-comique Feydeau.

Cet acteur, doué d'un assez bel organe, d'une articulation ferme et nette, et même d'une certaine intelligence, végète en quelque sorte dans les derniers emplois de l'Opéra-comique, tantôt *Coryphée* (1), tantôt double d'*Allaire*, et presque toujours exposé aux boutades souvent injustes du public... Il seroit heureux pour lui qu'une bonne réforme, en le forçant de renoncer à une carrière dans laquelle il n'aura peut-être jamais qu'un succès médiocre, lui fît prendre la résolution de s'exercer dans la tragédie ; nous avons eu occasion de l'entendre déclamer plusieurs phrases d'un style soutenu, et il nous a paru s'en acquitter beaucoup mieux que n'eussent fait à sa place, quelques-

(1) On appelle coryphée un acteur qui est à la tête des chœurs sur le théâtre.

uns de ses chefs d'emploi ; il a ce que les artistes appellent *un beau caractère de tête*, de *l'œil*, de belles *poses*, et pour peu qu'il voulût étudier, nous ne doutons pas qu'il ne parvînt à faire bientôt un Tancrède ou un Rodrigue très-intéressant.

DARCOUR,

Opéra-comique Feydeau.

Acteur, régisseur.

Comme acteur, il n'est qu'*utile;* comme régisseur, on le dit *nécessaire.* *Bene sit.*

DAZINCOUR,

Théâtre Français.

Professeur de déclamation au Conservatoire impérial de musique. Il fut le maître de mademoiselle *Volnais*, qui a dignement répondu à ses soins, en se faisant promptement honneur de tout ce qu'il avoit pu lui donner.

Cet acteur est généralement aimé ; il

l'est surtout dans la bonne compagnie où l'on se fait un plaisir de l'admettre ; cependant son talent, quoique très-agréable et même aujourd'hui du premier ordre, n'est pas exempt de légères imperfections.

Nous reconnoissons en lui une finesse exquise, un excellent ton de comédie, une grande habitude de la scène, un jeu assez plaisant de physionomie et, surtout, une diction gracieuse et spirituelle ; mais nous sommes aussi forcés d'y voir une gaîté un peu pincée et peu communicative, un cercle assez étroit d'intentions comiques, du froid et de la manière.

Un défaut habituel de cet acteur, et dont il seroit facile de se corriger, c'est la manie de rire de ce qu'il a dit et de donner ainsi aux spectateurs le signal des applaudissemens (1) ; ce moyen qui tient

(1) Ceci nous rappelle ces jolis vers du poëme de la déclamation :

un peu du charlatanisme, réussit presque toujours auprès d'un certain public, mais nous le croyons au-dessous de M. Dazincour, qui a dans son propre talent, des ressources non moins sûres et plus dignes de lui.

Quoi qu'il en soit, nous nous mettons volontiers au nombre de ses partisans, et, sans vouloir établir entre lui et son

---

« Quelque fois un valet *novice dans son art*,
De la publique joie ose prendre sa part,
Et ne sachant sur lui garder aucun empire,
Rit de ce qu'il a dit ou de ce qu'il va dire;
C'est usurper nos droits; le jaloux spectateur
S'attriste avec raison du plaisir de l'acteur;
Tout le charme est détruit dès qu'on voit la personne.
Le personnage seul nous plaît et nous étonne;
Ne te livre jamais à ce rire *empesé*
Et sache être amusant sans paroître amusé.

Cette critique est pourtant beaucoup trop dure pour que nous en fassions l'entière application à M. Dazincour, qui n'est rien moins que *novice dans son art* et dont le *rire* n'est point *empesé*.

émule Dugazon un parallèle longuement discuté, nous les croyons tous deux égament précieux pous la scène française. En effet, le talent de l'un, plus abondant, plus vigoureux, mais aussi plus déréglé et moins décent, convient davantage au *vis comica* de Molière et de Regnard, tandis que l'autre, plus réservé, plus ingénieux, plus *mignard*, est le seul qui convienne parfaitement à la finesse de *Marivaux* et au comique un peu froid de *Destouches*. On voit qu'il existe entre ces deux genres une différenee assez sensible, pour que chacun d'eux mérite la création d'un emploi particulier, et pour que *Dazincour* et *Dugazon* concourent à la perfection de l'art sur la même scène, sans avoir jamais à se quereller sur le partage du répertoire.

Le rôle de *médecin*, dans la jolie comédie du *Cercle*, est celui qui rentre le plus parfaitement dans le genre de talent de M. *Dazincour*; cet acteur le joue avec une perfection au-dessus de tous éloges.

Il remplissoit aussi avec beaucoup de succès ceux de *Victor*, dans les *Châteaux en Espagne*; de *Lafleur*, dans la *Gageure*; et de *Figaro* dans la *Folle Journée* (1).

DELILLE, (Mlles.)

Ballet de Académie impériale de musique.

Ces deux sœurs qui se ressemblent peu par la taille et la complexion, sont loin aussi de se ressembler par le talent : nous n'avons pas assez suivi la cadette dans le cours de ses rôles dansans pour en porter un jugement définitif, c'est pourquoi nous ne parlerons que de l'aînée ; il vaut mieux se récuser en pareil cas, que de s'exposer comme beaucoup de gens, à être injustement rigoureux:

Mademoiselle Delille, l'aînée, remplit

(1) A l'ancienne salle du théâtre Français, faubourg St.-Germain.

ou plutôt partage avec mademoiselle Colomb, ce qu'on appelle à l'Opéra, l'emploi des *comiques*; elle est d'une figure charmante, sa taille est un peu courte, et ramassée, mais sa danse n'en est ni moins vive, ni moins légère; peu de danseuses, même à l'Opéra ont autant de vigueur dans le jaret et multiplient d'une manière aussi brillante les entrechats de toute espèce; un ballon ne rebondit pas mieux. C'est enfin, selon l'expression usitée au théâtre, une des plus jolies *bacchantes* dont les Faunes et les Satyres de l'Académie dansante puissent convoiter les appas.

DELILLE, (Mlle.)

Théâtre de l'Impératrice.

« Et puisqu'il faut ici parler de vos appas,
« J'avoûrai volontiers que vous n'en manquez
pas. »

Je dirai même que votre beauté est d'une *nature* fort appétissante, et digne des Vénus de Rubens; mais ce n'est pas seulement de cela qu'il s'agit ; j'ai à parler de votre talent.

Pourquoi donc, ma belle demoiselle, affectez-vous ces manières fortes et délibérées, dans vos rôles de grandes coquettes? et pourquoi, avec votre voix *volumineuse* qui n'est pas riche en inflexions, jouez-vous quelquefois l'enfantillage ? Apprenez, si vous ne le savez pas, que vous parlez souvent trop haut ; que votre ton de gaîté n'est pas toujours celui de la meilleure compagnie, parce que le défaut de nuances qu'on reproche à votre diction la fait paroître dure et pesante; sachez que le caractère de votre physionomie ne s'accorde nullement avec les rôles *naïfs* ou *semillans* ; sachez, enfin, et c'est sans doute ce que vous aurez le moins de peine à retenir, qu'avec du travail et de bons exemples, vous pouvez prétendre à un talent très-distingué dans les rôles *de grande tenue* ; car, encore une fois, vous êtes belle, ce qui, dans la carrière du théâtre, est une grande avance ; et vous paroissez avoir du bon sens, ce qui vaut encore mieux que de la beauté, mais il faut travailler votre organe, l'enrichir d'accens, l'assouplir, et, tout en conservant l'aisance habituelle de votre jeu, contenir soigneusement vos gestes dans les bornes prescrites par le goût. Du reste, vous vous énoncez correctement, votre articulation est nette, ferme et exacte, et vous n'avez point de défauts tellement prononcés qu'un peu d'art ne les fît disparoître. Vous voyez, belle demoiselle, que je me plais à vous rendre justice; si néanmoins je vous avois causé innocemment quelqu'accès de mauvaise humeur, tournez bien vîte cette petite colère contre les personnes qui vous flattent : elles vous font plus de mal que moi.

LE VIEUX COMÉDIEN.

DERIVIS,

Académie impériale de musique.

Elève du Conservatoire.

Très-forte basse-taille. Cet acteur représente bien à la scène ; mais il n'a pas encore dans son jeu toute l'aisance nécessaire ; il chante avec exactitude, sa méthode est d'une bonne école, mais il a besoin d'assouplir sa voix, et d'ajouter à l'expression de son chant par des nuances mieux observées.

Derivis est au surplus un sujet de grande espérance, et dont la véritable place étoit marquée au grand opéra.

DESBROSSES, (Mlle.)

Théâtre Français.

Elle n'a pas cette force comique, ce mordant si nécessaire dans les rôles de soubrettes qu'elle a adoptés, mais elle y supplée par des manières gracieuses. Cette actrice, au surplus ne joue pas souvent, ayant avant elle mesdemoiselles *Devienne* et *Emilie Contat* qui profitent de leurs avantages, et derrière, elle mademoiselle *Amalric*, qui ne néglige rien pour *percer*.

DESBROSSES, (Mlle.)

Opéra-comique Feydeau.

Oui, Messieurs, oui, je conviens avec vous que cette actrice n'est supérieure dans aucun genre; mais avouez de votre côté, qu'elle n'est déplacée nulle part.

Diction correcte, débit varié, vaste mémoire, grande habitude de la scène, voilà les qualités qu'elle réunit et qui la placent sans contredit, au rang des actrices les plus utiles. Duègnes, soubrettes, mères-nobles, caractères, nourrices, *grandes coquettes* même (s'il le falloit absolument) elle est en état de tout jouer, et toujours de façon à mériter des applaudissemens.

Sa physionomie n'a pas toute la noblesse desirable, et convient mieux aux rôles comiques qu'à ceux de femmes du bel air.

Elle a une très-belle voix, et une assez bonne méthode de chant.

DESCUILLÉS, (Made)

Théâtre de la Porte-Saint-Martin.

Engagée pour l'emploi des soubrettes, elle réussit mieux dans les rôles de bonnes-femmes, de mères insignifiantes. Dispositions équivoques ; talent vague ; beaucoup de bonne volonté.

Sa petite fille, âgée de cinq ans au plus, montre des graces et une intelligence précoces dans le petit rôle d'enfant, de *Jenny ou le Mariage Secret.* D.

DESMARES-THÉSIGNY,

Théâtre du Vaudeville.

Figure chiffonnée dont l'expression est

agréable. Organe flatteur, voix flexible, et digne de l'opéra comique; méthode de chant brillante, et quelquefois trop *brillantée*. De l'aisance, des graces à la scène; trop de prétentions à l'esprit et à la *gentillesse*; de l'afféterie, en un mot; ce défaut est d'autant plus répréhensible en elle, que la plupart de ses rôles sont ou doivent paroître ingénus, et qu'elle même n'est jamais plus séduisante que lorsqu'elle supprime les minauderies. On pourroit dire de son talent ce que Voltaire disoit de la muse de Fontelle :

Ne la gâtez point par le fard,
Sa couleur est assez brillante.

DESPÉRAMONS,

Opéra-comique-Feydeau.

Élève du Conservatoire, et particulièrement de Garat. — Tenore.

Il excelle à chanter l'italien; sa voix a de la fraîcheur, de la souplesse, de la légèreté; et, quoi qu'il n'épargne pas les ornemens, on a rarement à lui reprocher de dénaturer les airs, de sauter des notes, ou de manquer à la mesure; il surmonte habilement les difficultés et ne les fait presque jamais sentir; enfin il a, comme chanteur, un talent distingué, et qu'il peut encore perfectionner. Il est à desirer seulement, qu'il acquière plus de fermeté, et qu'il donne plus à l'expression.

Comme acteur, il est moins avancé. Sa diction est souvent défectueuse, surtout par rapport à la prosodie; il est trop facile de reconnoître à son accent qu'il est des provinces du midi; son débit est inégal et irrégulier; son maintien annonce de la gène; en un mot, il a tous les défauts que donne la timidité jointe à l'inexpérience; mais, attendu qu'il est jeune, vif, alerte, et intelligent, il n'y a nul doute qu'en s'habituant à la scène, il ne devienne beaucoup meilleur comédien; je le crois même appelé à jouer très-agréablement un jour les rôles de valets-bouffons, à la manière de Martin.

Despéramons obtint il y a quelques années, le grand prix de chant décerné par S. E. le Ministre de l'Intérieur dans la salle de l'Institut.

DESPREZ,

Théâtre Français.

Depuis la retraite de Florence, on juge Desprez avec une rigueur extrême, et l'on ne parle plus maintenant de la belle représentation de celui-ci, que pour le plaindre du peu de parti qu'il tire de ses avantages physiques Par rapport à l'articulation et à la prosodie, sa diction n'est pas sans mérite ; il se présente même très-bien à la scène, et fait presque toujours en paroissant l'effet d'un *premier rôle tragique* ; mais son organe manque d'inflexions, ses intentions paroissent vagues et routinières, son débit est lourd et monotone, sa déclamation enfin, n'est qu'une sorte de récitatif obligé, dont le mouvement alternatif semble réglé sur celui d'un pendule.

Desprez est infiniment mieux placé dans les rôles de raisonneurs-comiques que dans ceux de confidens tragiques; il y est plus à l'aise, plus vrai, plus naturel; sa diction moins appesantie, se nuance et se varie d'elle même avec assez de justesse et de goût. Un peu plus de nerf, de finesse et d'expression, et il seroit dans ce genre un *comédien* très-distingué.

DESROSIERS, (Mlle.)

Théâtre Français.

La foible santé de cette actrice, influe defavorablement sur son talent, qui est essentiellement digne d'éloges. Sa diction est bonne, son débit juste, sa tenue noble et décente; mais il y a un peu de langueur dans son jeu ; c'est l'effet de son extrême timidité et de l'affection mélancolique dont elle a peine à se guérir.

DEVIENNE (Mlle.)

Théâtre Français.

Il me semble la voir, l'œil brillant de gaîté,
Parler, agir, marcher avec légèreté.
A chaque mouvement acquérir une grace,
Sourire, s'exprimer, se taire avec esprit;
Joindre le jeu muet à l'éclair du débit;
Nuancer tous ses tons, varier sa figure,
Rendre l'art naturel et parer la nature.

Elle fut long-temps la digne émule de mademoiselle Joly, dont le nom demeure gravé dans le souvenir de tous les vieux amateurs. Avec moins de rondeur, de mordant, de vérité, elle a peut-être un meilleur ton, plus de finesse et plus de graces ; l'une était plus véritablement comique ; l'autre est plus séduisante ; enfin mademoiselle Joly étoit supérieure dans les rôles de servantes, et mademoiselle *De-*

vienne excelle dans ceux de soubrettes.

Celle-ci, a en outre le, très-grand avantage de paroître jolie, à un âge où il seroit très-naturel qu'elle cessât de l'être

Il est difficile de détailler un rôle avec plus d'esprit que cette actrice; elle en saisit et en fait valoir toutes les nuances avec une légèreté, un air d'aisance, qui en éloignant toute idée d'étude produit toujours l'illusion la plus complète.

On pourroit cependant lui reprocher un peu de manière; elle dit quelquefois, avec trop de prétentions à la finesse et une coquetterie trop chargée, certaines choses qui exigeroient du naturel et de la simplicité; mais ce défaut, qui est plutôt un abus d'esprit qu'une véritable imperfection, est encore facile à corriger; et nous pensons assez bien de mademoiselle Devienne, pour croire qu'elle nous saura gré de notre observation.

Nous aimons à le répéter, cette actrice est essentiellement comédienne, et son talent rappelle les plus beaux jours de la scène française.

DEVIN, (Mlle.)

Théâtre de l'Impératrice.

Mademoiselle *Devin* n'a encore fait qu'un pas dans la carrière théâtrale, et il est difficile de juger dès à présent, si elle doit y obtenir de grands succès ; elle annonce toutefois de l'intelligence, et ne manque ni de grace, ni de gentillesse. Jeune élève, aimée du public, à qui elle inspire des espérances pour une manière de dire facile, et par une figure agréable, elle joue alternativement les *agnès* et les secondes soubrettes.

D'HERBOUVILLE.

Porte-Saint-Martin.

Figure sombre et rebarbative, voix forte, sèche et dure ; le tout parfaitement analogue au genre de ses rôles, ceux de traîtres et de tyrans. Le public du boulevard Saint-Martin, paroît n'affectionner que médicorement ce terrible acteur ; c'est du moins une preuve qu'il produit de l'illusion, et cela seul est un mérite. Je ne sais quel tragédien, jouant il y a quelque cinquante ans le rôle exécrable d'Atrée, fut apostrophé, à la tête, d'un marron d'inde *lancé d'une main sûre*. Il déclara hautement que jamais éloge de son jeu ne l'avoit plus sensiblement flatté, et qu'il feroit tout à l'avenir pour en mériter de pareils. La vérité est que M. d'Herbouville, me paroît avoir toute l'intelligence nécessaire pour son emploi, et qu'il se rend très-utile à son théâtre.

DORFEUILLE,

Ancien acteur, qui malgré quelques désavantages physiques, eut en province de grands succès; et qui seroit sans doute entré à la comédie française, si l'on y eut fait plus d'attention à son talent qu'à sa figure.

Personne au théâtre ne se rend plus parfaitement compte de toutes les parties d'un rôle, et n'en fait mieux sentir par l'analyse les beautés ou les imperfections. Sa conversation est substantielle et attachante, et il soumet l'art de la représentation théâtrale à des règles très-sages et très-ingénieuses; aussi la plupart de ses élèves se distinguent-ils sur nos théâtres par une connoissance extrêmement approfondie de leur art; mais il me semble que sa méthode est un peu trop minutieuse, trop abstraite pour quelques-uns; et qu'à force d'occuper l'intelligence de ces jeunes gens par de subtiles définitions, il peut gêner en eux la faculté de peindre à grands traits et d'après leurs propres sensations.

Que l'étude pourtant se fasse peu sentir.

Dit judicieusement l'auteur du poëme de la déclamation.

Nous avons eu occasion de voir débuter plusieurs élèves de M. Dorfeuille, aucun d'eux ne faisoit de fautes de diction, aucun ne manquoit à la prosodie ; ils étoient tous d'excellens diseurs, grands observateurs du costume et des moeurs de leurs personnages ; mais aussi point d'éclairs, point de pathétique déchirant ; ce professeur auroit pu à toute force, former une actrice comme mademoiselle *Clairon*, dont on disoit :

Accens, gestes, silence, elle a tout combiné ;
Le spectateur admire et n'est point entraîné.

Mais il eut étouffé dans sa métaphysique toute la flamme de mesdemoiselles *Sainval* et *Duménil*.

Au surplus, si M. Dorfeuille n'a pas été aussi heureux qu'il méritoit de l'être en élèves dramatiques, il en a été bien dédommagé par le succès de ceux qu'il a instruits dans l'art purement oratoire ; et il n'est peut-être pas d'aspirant aux fonctions d'avocat, ou d'orateur chrétien, qui n'eut à se féliciter de l'avoir consulté sur l'éloquence de la chaire et sur celle du barreau. Peu de professeurs méritent de lui être comparés pour la noblesse du débit, la solidité du jugement et la clarté de l'élocution.

DORSAN. (Mad[e].)

Dernièrement au Théât. du Vaudeville.

Jolie et *bonne*, elle avoit dû compter pour ses débuts sur les faveurs d'un public *reconnoissant*; elle en a éprouvé, depuis, l'inconstance et les rigueurs. Avide à l'excès d'applaudissemens et de grands effets, elle adopta tout-à-coup dans sa diction, dans sa tenue, dans tout son jeu un ton d'exaltation, une *manière* exagérée qui n'a servi qu'à faire ressortir, par le contraste, la foiblesse de ses moyens toujours décroissans. Une véritable intelligence du feu, une grande aisance à la scène, voilà quelques-unes des qualités qu'on doit reconnoître en elle; de la mesure et de la retenue, voilà ce qu'il faut lui souhaiter, et qu'elle peut encore acquérir. V.... t.

DOUTREVILLE, (Mlle.)

Théâtre de la Porte-Saint-Martin, passe au Théâtre de Ribié.

Très-jolie personne, sauf un œil de moins. Danseuse agréable, et qui peut acquérir; spirituelle dans la pantomime, mais sans art et sans étude, elle ne paroît pas soupçonner le prix du travail.

(*Art. communiqué.*)

DROUVILLE, (Made.)

Variétés ci-devant Montansier.

Petite personne, de mince complexion. On en diroit autant de son talent, si toute vérité étoit bonne à dire, et si le titre *d'utilité* qu'on décerne dûment à cette actrice, ne méritoit pas des égards. S..

DUBLIN.

Théâtre-Français.

Il joue les *comiques* du troisième ou quatrième ordre; mais son véritable talent est de dessiner les habits de costume, d'après les plus rares monumens de l'antiquité ou les recherches les plus précieuses; et, sous ce rapport; il est extrêmement utile à ses camarades, Grecs, Tartares, Chinois et Romains.

Beaucoup d'intelligence, une grande habitude de la scène, un assez bon masque, quelquefois même du bon comique, telles sont ses qualités dramatiques. Il joue les points et les virgules; il veut trop attirer sur lui l'attention du public dans les scènes où elle doit se porter toute entière sur les principaux personnages; enfin, il n'est pas assez économe de grimaces, et affecte un *laisser-aller* trop familier. Tels sont les défauts de cet acteur, que le public voit, au surplus, avec assez d'indifférence.

DUBOIS.

Variétés-Montansier, théâtre du Panorama.

Basse-taille; autrefois attaché au théâtre des Beaujolois, où il chantoit dans la coulisse; puis au théâtre de Louvois, sous la direction de M. *Delormel.* — Sa voix est belle; mais il ne la dirige pas toujours avec assez d'habileté. Comme acteur il ne faut pas le retirer des rôles de paysans, de Cassandres, ou de Bourgeois-Badauds, où il est très-convenablement placé; dans tout autre il n'est que médiocre. Son défaut absolu de dignité est d'autant plus étonnant, qu'ayant un très-beau *caractère de tête*, il ne lui faudroit qu'un peu de maintien pour avoir l'air d'un vrai père-noble.

V... t.

DUCHAUME.

Théâtre du Vaudeville.

Il a de la gaieté, de la rondeur, une diction trop peu étudiée, mais franche et naturelle, et surtout une physionomie ouverte qui exprime parfaitement la joie. Il joue avec succès ce qu'on appelle les *Tabliers ;* il est fort bien aussi dans ceux des financiers. Les rôles de *Piron*, de *Rabelais*, de *Maître-Adam*, de *Turcaret*, de *l'Abbé de l'Attaignant* sont ceux qui lui font le plus d'honneur : il les a établis de manière à ne pouvoir y être remplacé par personne.

DUCHAUME. (Mad.)

Théâtre du Vaudeville.

Epouse du précédent.

Elle remplit avec succès l'emploi des duègnes, et met du naturel par-tout, même dans la caricature ; mais son débit manque de finesse et de variété ; son *action théâtrale* est un peu lourde ; et sa voix affoiblie au dernier point, suffit à peine au chant le plus simple ; inconvénient bien sensible aujourd'hui, que le Vaudeville dédaigne les refreins champêtres et veut chanter comme l'opéra. B...

DUCHESNOIS, (Mlle.)

Théâtre Français.

Elève de M. Legouvé, (membre de l'Institut.)

Elle avoit reçu en premier lieu, des leçons de Florence, et de M. Vigée :

« C'est un poids bien pesant qu'un nom trop tôt fameux. »

Les débuts de mademoiselle *Duchesnois* furent très-brillans ; ils le furent trop. Quelque talent qu'elle annonçât, l'immense réputation dont on la chargeoit à son entrée dans la carrière, devoit finir par l'écraser ; et si elle n'a pas succombé sous le faix, c'est qu'outre les ressources vraiment énergiques de son talent, elle a su se conserver l'appui de personnes très-considérables, qui la défendent chaque jour envers et contre tous avec une persévérance vraiment héroïque.

Mais cette actrice voudroit en vain se faire illusion; il n'y a plus pour elle dans le public le même amour, le même enthousiasme ; on commence à lui faire sa part d'éloges et de critiques et cette incomparable tragédienne devant qui toutes les reines, les grandes princesses du théâtre devoient disparoître comme les étoiles du matin devant le char lumineux du soleil, voit maintenant quelques-unes de ses rivales plus applaudies qu'elle dans beaucoup de rôles ; et applaudies plus justement.

Je ne parle pas du ton de mépris avec lequel on a coutume de la traiter dans quelques journaux ; si quelque chose dans sa disgrace peut lui servir de consolation et ranimer ses espérances, c'est sans doute ette haine sans cesse renaissante dont elle se trouve innocemment l'objet. Les Aristarques modernes ne mâchent point à vide, comme on dit, et puisque ses détracteurs croient devoir continuer leurs diatribes contre elle, c'est que sans doute ils lui trouvent encore quelque substance de talens. Malheurs aux artistes de tous genres, abandonnés de leurs ennemis.

Oui, sans doute, mademoiselle Duchesnois conserve les élémens d'un talent vrai ; je dis plus, si elle veut mettre à profit la grande leçon des vicissitudes théâtrales, elle peut encore recouvrer tout ce qu'elle a perdu :

De la contrainte rigoureuse
Où l'esprit semble resserré,
Il acquiert cette force heureuse
Qui l'élève au plus haut degré

Mais il faut que son professeur lui apprenne à étudier ses rôles plus difficilement pour les jouer ensuite avec plus d'aisance ; il faut surtout qu'elle borne son répertoire, si elle a le noble courage de viser à la perfection ; car elle n'a nullement droit de prétendre à l'universalité des genres.

Mademoiselle Duchesnois réunit comme mademoiselle Georges deux emplois tragiques ; celui des *Reines*, et celui des princesses. Cet *amalgame* de rôles si différens ne lui est pas plus favorable qu'à sa rivale ; quelques personnages, comme celui de *Phèdre*, peuvent également appartenir aux deux emplois, parce que ce sont des reines amoureuses dont le caractère de majesté est plus ou moins susceptible de modifications, selon les dispositions personnelles de l'actrice qui les représente ; mais entre *Clytemnestre* et *Ariane*, par exemple, je ne vois nulle proportion, et je ne crois pas plus convenable de faire jouer ces deux rôles à la même actrice, qu'il ne l'eût été à Brisard, de venir nous représenter Egyste ou Hippolyte après avoir joué Mithridate ou le roi Léare.

Certes, s'il y avoit un acteur en état de faire avec succès de pareilles tentatives, c'étoit le célèbre Lekain ; et il ne l'a jamais osé ; du moment que son âge, sa corpulence ne lui ont plus paru analogues à la physionomie des *jeunes premiers;* il a abandonné sans retour ces personnages pour les Vendômes et les Mahomets.

Mademoiselle Clairon, avec tout son talent d'un genre mixte, qu'on nommoit par allusion un *Tenore* tragique, et qui étoit le comble de l'art, n'a jamais rempli avec un égal avantage les rôles de reines-mères et de jeunes princesses. Le rôle de Mérope lui étoit presque interdit, ainsi que celui de Clytemnestre, si admirablement joué par mademoiselle Duménil ; mademoiselle Clairon avoit pourtant par-dessus mademoiselle Duchesnois l'avantage d'une figure imposante, d'une longue suite d'études, et d'une intelligence supérieure.

C'est aux personnages de jeunes reines et de grandes princesses que mademoiselle Duchesnois devroit se restreindre, et encore dans cet emploi auroit-elle besoin de choisir avec discernement. Elle ne joue guère que d'*instinct*; ce n'est pas un reproche à lui faire, mais c'est du moins une raison pour qu'elle ne se hasarde pas dans les rôles où ne trouvant rien d'analogue à sa façon d'être et de sentir, elle est obligée de recourir à une sorte d'art conjectural qui l'égare, ou bien à la ressource, pire encore, des serviles imitations; or, le genre qui lui est propre, celui dont elle n'est jamais sortie avec un succès réel, c'est celui de l'amour passionné, et surtout de *l'amour malheureux* (ceci soit dit sans épigramme). Phèdre incestueuse, et Ariane abandonnée, voilà les rôles où elle excelle, voilà ceux où elle n'a et n'aura peut être jamais de rivale.

Elle réussit également bien dans quelques parties des rôles de *Roxane*, d'*Hermione* et d'*Eriphile*, avec cette différence cependant qu'elle y déroge quelquefois à la noblesse du personnage. Quelqu'un qui venoit de voir cette actrice dans la tragédie de *Didon* la comparoit à ces jeunes chanteurs du conservatoire qui pour exécuter un grand air d'opéra, sont obligés d'en faire baisser le ton; en effet, pour réussir dans beaucoup de rôles, elle ne prend pas toujours la peine de s'élever à la hauteur du personnage, elle le rabaisse à sa portée; ou, pour me servir d'une figure triviale, elle *ajuste* indistinctement à sa taille tous les habits qu'elle revêt; l'actrice y gagne de l'aisance, mais l'esprit du rôle est sacrifié, et par suite, l'effet qu'on devoit attendre de l'ordonnance de la pièce.

Les rôles de sensibilité douce et modeste, qui ne prêtent pas à de grands développemens, et qui exigent avant tout une délicatesse exquise de ton, d'esprit et de sentimens, ne lui procurent que des succès douteux; tout le talent de cétte actrice part de son *cœur*, et semble consister dans une grande *irritabilité* de nerfs; c'est l'amour extrême qu'elle sent et exprime, c'est de l'extase ou de la fureur; l'abandon le plus tendre et le plus familier (alors elle peint l'excès du bonheur,) ou les angoisses les plus cruelles du désespoir (et alors elle fait frémir,); mais point de personnages raisonnables, point de *rôles de diction;* rapelons-nous que *pour et par* mademoiselle Duchesnois *Esther* a paru monotone et *Monime* sans physionomie. Cela vient de ce que l'intelligence d'une actrice habituée à peindre les orages des passions, ne découvre dans ces rôles modestes, aucune ressource tragique; privée de son moyen familier (les transitions brusques et fréquentes), peu jalouse de se conformer aux mœurs de ses personnages, et enfin réduite à la ressource minutieuse des nuances caractéristiques, mademoiselle Duchesnois croit ne devoir plus chercher ses effets que dans les accens flatteurs de sa voix si vantée, et tout se trouve ainsi sacrifié au désir de charmer l'oreille par une suite non interrompue de sons mélodieux. Cette méthode séduit dans une scène, comme les sons vagues de l'harmonica, mais l'harmonica est soporifique ; et une actrice qui ne fait que des modulations, eût-elle la voix d'une syrène, doit endormir son auditoire.

Ce qui prouve que mademoiselle Duchesnois n'a qu'un répertoire très-borné, et n'excelle réellement que dans une seule et même expression de sentimens, c'est que, non contente d'affadir et de rappetisser les rôles de grandes reines qui exigent l'air et le ton de l'autorité absolue, elle prend souvent par un abus contraire la licence de forcer le ton dans les rôles de jeunes princesses, quand elle veut y éviter la monotonie.

« Tout a l'humeur gascone en un auteur gascon.

A dit Boileau ; je ne sache pas de sentiment tragique, de quelque nature qu'il soit, qui ne se tourne en passion *érotique*, pour ne pas dire plus, dans *le cœur* de mademoiselle Duchesnois ; dans Esther elle invoque le dieu des juifs, comme on fait une déclaration d'amour ; dans Andromaque elle aime son fils, comme Ariane aime son amant.

Cette manie de tout rapporter à elle-même, doit expliquer facilement pourquoi elle paroît si nulle dans toute la partie sublime du rôle d'Émilie (elle n'entend rien ou presque rien à ces débats de politique.) Pourquoi elle nous fait si peu d'illusion dans la Clytemnestre de Racine, (il y a une si grande différence outre l'expression de l'amour sensuel et les élans de l'auguste maternité.) Pourquoi enfin elle a débuté avec si peu de succès dans le rôle de Sémiramis, (il demande peu de talent réel ; mais de beaux organes, et de beaux développemens ; peu de sensibilité expansive, mais une ame forte et hardie, soutenue par un sentiment très-profond de la puissance despotique.) Toutes les fois que ce rôle de Sémiramis exige de la déclamation, du faste, et ce qu'on nomme aujourd'hui le *grandiose*, c'est-à-dire, par-tout où Voltaire s'est efforcé de suppléer au vide d'action et au défaut d'intérêt par un grand éclat de pensées et de poésie, mademoiselle Duchesnois y est insignifiante et ne produit qu'un effet mesquin. Elle n'a pas encore l'art de chercher et de découvrir le sens précis des paroles, ou la nature des sentimens sous cet amas de périodes éblouissantes; elle déclame donc à tort et à travers; mais, en revanche, dès qu'elle peut trouver un sentiment tendre ou vif à exprimer, une situation pathétique à faire valoir, elle en saisit l'occasion avec une avidité qui avertit assez le public qu'elle rentre dans son élément.

Douée d'un organe charmant et surtout riche en inflexions, elle sait bien *caresser* les beaux vers, mais seulement dans le genre doux et élégiaque ; ceux qui appartiennent au style sublime, la forcent d'élever la voix, et sa voix n'est parfaitement belle que dans le *medium*.

On lui reproche aussi et avec raison de manquer aux premières règles de la prosodie, en prononçant quelques syllabes brèves comme si elles étoient longues, et *vice versâ* ; de reprendre quelquefois haleine avec des sifflemens de poitrine non moins pénibles pour le public que pour elle-même ; d'appuyer un peu lourdement sur les finales, et particulièrement sur les *e* muets ; de jeter brusquement ses bras en avant, en arrière et par-dessus sa tête dans les scènes pathétiques ; et de trop prodiguer en général les ressources extrêmes de la pantomime.

Mais ces défauts ne nous choquent en elle que depuis quelque-temps ; parce qu'elle a sans doute négligé ses études ; et il est juste d'avouer que lorsqu'elle se trouve convenablement placée, lorsqu'elle est bien pénétrée, je ne dis pas de l'esprit, mais du sentiment de ses rôles, elle évite ces imperfections. Ce n'est presque jamais dans Phèdre ni dans Ariane, qu'on a été tenté de lui en faire des reproches ; ce sont autant de taches qui se perdent dans une foule de beautés ravissantes.

Ravissantes ! le mot paroîtra fort, n'importe, je veux être juste, il ne faut rien moins qu'une pareille épithète pour donner une idée de l'effet que produit cette actrice dans tous les rôles qui lui sont propres. Plus le nombre en est circonscrit plus elle me semble s'y élever au-dessus de toute comparaison ; et c'est d'elle surtout que l'on peut dire : quand elle est bonne, elle est sublime.

Pourquoi faut-il qu'elle ne soit pas moins hors de toute comparaison quand elle a le malheur de se tromper !

DUFRENOY.

Théâtre des Variétés-Montansier.

Moyens très-foibles, et pourtant au niveau de son emploi. Toute la simplicité d'un bon homme sans effet, mais sans charge ni prétention.

DUFRESNE.

Académie impériale de Musique.

Il a une basse-taille prononcée, qu'aucuns trouveront un peu sèche, mais dont il tire assurément tout le parti possible. Sa méthode de chant est exacte; sa pantomime annonce de l'intelligence, du travail et de l'habitude. Il n'ajoutera peut-être jamais à ses rôles de ces beautés d'inspiration qui sont le fait des grands acteurs; mais il suffit qu'il ne gâte rien pour être compté au nombre des sujets recommandables. Sa figure étoit d'ailleurs assez peu théâtrale; et en y habituant le public, il n'a pas donné une preuve médiocre de ce que peuvent l'étude et un zèle soutenu dans la carrière des beaux-arts.

DUGAZON.

Théâtre Français.

Doyen de la comédie Française; professeur de déclamation au conservatoire impérial de musique.

Les avis sont toujours partagés sur son compte.

Les uns vantent son aisance, sa *verve* comique, sa parfaite intelligence, l'avantage qu'il a d'être toujours en scène, de varier à l'infini, et toujours avec esprit, ses gestes et ses intonnations, et enfin sa gaieté vive et continue, jointe à sa grande agilité et au talent de singer habilement tous les ridicules.

Les autres trouvent qu'il descend trop souvent au genre *inférieur* du comique ; qu'il n'économise pas assez la ressource des grimaces ; qu'il donne souvent à sa voix l'accent burlesque d'un polichinel ; que ses gestes sont quelquefois une parodie peu décente d'objets peu dignes d'imitation, et qu'enfin il ne se maintient presque jamais dans les bornes posées par le goût.

Moi, qui le considère avec la plus exacte impartialité, je déclare qu'en rapprochant ces deux manières de voir on exprimera parfaitement la mienne. En effet, il mérite les plus grands éloges et la critique la plus sévère. C'est donc, selon moi, notre valet le plus véritablement comique, et celui dont l'exemple peut être le plus funeste aux acteurs qui seroient tentés de l'imiter; le talent de comédien, *inné chez lui et comme comprimé dans son ame, semble à chaque instant faire explosion*; il n'est donc pas étonnant que Dugazon poussé par cette verve impétueuse ne puisse en modérer les élans ni s'arrêter toujours aux bornes posées par le goût (que tant d'autres acteurs ne peuvent atteindre) il est en cela d'autant plus excusable que cet abus de talent semble maintenant autorisé par la majeure partie du public, qui applaudit à tout ce qui est outré sans songer aux règles transgressées, ni aux funestes conséquences d'un pareil encouragement.

La preuve que Dugazon sait bien ce qu'il faut faire pour mériter l'estime des connoisseurs les plus difficiles, et que ses défauts viennent du mauvais goût des spectateurs, c'est que lorsqu'il se voit dans une assemblée d'hommes éclairés, il emploie des moyens comiques, plus sages et d'un meilleur ton, et qu'il rappelle alors à beaucoup d'égards le jeu admirable de Préville. De tels jours sont rares, il est vrai, mais cela prouve seulement, et j'en suis fâché pour le siècle, qu'on ne voit pas souvent bonne compagnie.

Quoique cet acteur ait beaucoup d'esprit, il est médiocre dans les valets de Marivaux, et le jargon brillant des Figaros ne convient guère mieux à son genre de talent; mais le valet du Menteur, le Sganarelle du Festin de Pierre; Bernardille de la Femme juge et partie; l'abbé de Beaugénie du Mercure galant; le Sénéchal des Originaux; Crispin Médecin, le Crispin du Légataire, etc., sont des rôles où personne maintenant ne peut lui être comparé. Il voulut, après la mort de Molé entreprendre l'Optimiste et le Bourru Bienfaisant, mais la tentative étoit trop imprudente, et il y échoua complètement, comme tout le monde l'avoit pressenti.

DUGRAND.

Ci-devant au théâtre de la porte Saint-Martin.

Le grand emploi des pères-nobles lui convient parfaitement ; cependant il obtient aussi beaucoup de succès dans quelques premiers rôles, tels que le *Bourru bienfaisant*, où il imite assez bien le jeu brusque les manières franches, la vivacité entraînante de Molé. S'il n'a pas un foyer de chaleur bien profond, il y supplée par l'énergie de ses poumons, par tous les développemens d'un organe infatigable, qualité précieuse et funeste ! précieuse pour le théâtre, dont sa voix remplit facilement l'enceinte immense ; funeste pour l'acteur, chez qui cette disposition à forcer le ton dégénère quelquefois en une emphase déclamatoire, où l'on ne trouve plus ni nuances ni vérité ! Aussi les rôles de haute comédie, où le naturel est un peu plus *obligé*, offrent-ils à son intelligence très-réelle des occasions de succès plus avantageuses pour sa réputation que tous ces mélodrames où les succès plus éclatans ne dépendent que du développement plus ou moins fort de sa voix. Qui sait si la réputation d'un talent à mélodrame, et peut-être aussi un vieux reste d'accent gascon, ne sont pas les seules causes qui lui aient fermé, jusqu'à ce jour, les portes du Théâtre Français, où l'appellent les suffrages de quelques hommes éclairés, et où du moins il trouveroit tel confrère en gasconisme et tel docteur bien empesé, qui n'auroient pas du moins à lui contester le mérite du zèle et de l'intelligence. Z. . . .

DUGY.

Ci-devant au théâtre de la Porte-Saint-Martin.

Taille et physionomie *bourgeoises*; talent à l'avenant, mais animé par une chaleur extraordinaire. Satisfaisant dans les rôles de bourrus *par manière et non par caractère.* Z. . . .

DUMENIL.

Théâtre de la Gaîté.

Niais d'office à ce théâtre, où il réussit par ses grimaces et son air d'assurance. Les Aristarques du boulevard lui reprochent très-sérieusement de viser à la finesse, et de vouloir être bête avec esprit; mais il fait rire, il est absous : *remittuntur*, etc. Z. . . .

DUMONT.

Ambigu-Comique.

Corse lui a légué son emploi, mais non pas son talent. Il ne manque ni de naturel ni de chaleur; mais sa rondeur est trop bourgeoise, son organe trop *nazillard*, et sa diction trop peu correcte. St. V. . . . T.

DUPORT.

Ballets de l'Académie impériale de Musique.

Tous les éloges que nous pourrions faire de ce jeune émule de Vestris, se trouvent renfermés dans cinq à six vers.

Que tu mélanges bien. . . . .
La force avec la grace, et l'aisance et l'adresse!
Tu sais avec tant d'art entremêler tes pas,
Que l'œil ne peut les suivre et ne les confond pas.
Le papillon s'envole avec moins de vitesse
Et pèse plus que toi sur la fleur qu'il caresse.

On a pris la peine de composer un poëme épique sur la rivalité de Duport et de Vestris, et l'auteur de ce petit chef-d'œuvre a impitoyablement immolé Vestris à Duport. Rien de plus ridicule qu'une pareille fiction.

Duport est sans doute un danseur étonnant; non moins entreprenant que son adversaire, il le passe peut-être maintenant en légèreté et en souplesse; mais surpasser un rival en quelque chose, ce n'est pas tout-à-fait le tuer, surtout quand, à d'autres égards, on lui reste toujours inférieur; non-seulement Vestris peut dire à Duport, comme don Diègue au comte de Gormas :

Vous êtes aujourd'hui ce qu'autrefois je fus.

et d'après l'ordre naturel des choses, il n'y a rien là d'humiliant pour moi; mais avec ce que j'ai conservé de mon ancien apanage, je garde encore sur vous un avantage marqué, celui d'une taille plus théâtrale que la vôtre, d'une pantomime plus animée, plus expressive; je représenterai long-temps encore, avec un succès égal et une égale facilité, les *héros* et les *pâtres*, *Télémaque* et le *bon Domingo*, tandis que, malgré tous vos efforts, vous ne ferez jamais illusion au public que dans les rôles de faunes et de bergers; votre taille courte, vos petits bras ne sont propres à aucun développement hé-roïque ; votre figure est sans physionomie, votre pantomime sans effet dans la perspective, etc., etc.

Il faut être juste pourtant ; si Duport se trouve nécessairement borné à un genre de danse inférieur, (celui de la saltation, des entrechats, des pirouettes et de la voltige) ; il s'y montre réellement digne des applaudissemens qu'on lui prodigue ; il réunit à la souplesse de *Didelot* (1) toute l'ancienne vigueur de Vestris, et une légèreté inconcevable qui lui est propre ; seulement pourrait-on lui reprocher de sacrifier quelquefois les convenances théâtrales au désir de faire des choses prodigieuses, et de se donner alors des élans qui le font paraître dégingandé.

---

(1) Ancien danseur de l'Opéra, maintenant à Saint-Pétersbourg : il dansait avec la même supériorité les *caractères* et les *demi-caractères*.

Dupo[illegible] est compositeur de ballets; on lui d[illegible] déjà ceux d'*Acis et Galathée*, et d[illegible] *[illegible]arbier de Séville*, qui font honneur [illegible] son esprit et à son goût.

DUPORT (Mlle.)

Ballets de l'Académie impériale de musique.

La taille grêle de cette jeune personne l'empêchera toujours de s'élever au-dessus des rôles qu'elle joue et *danse* maintenant (ceux de nymphes et de bergères); mais peut-être se fera-t-elle dans ce petit genre une grande réputation. Sa physionomie peu régulière ne laisse pas d'être piquante à la scène; elle a de la vivacité, de la finesse, de la vigueur, et surtout un désir de se distinguer, qui lui ayant déjà applani les obstacles les plus difficiles, doit faire trembler ses rivales. Ses pas sont corrects et brillans, et il y a dans l'ensemble de son talent un caractère de jeunesse et d'espiéglerie qui ranime les plus vieux amateurs. Il est fâcheux que sa pantomime, quoique très-active et très-spirituelle, n'ait d'effet que sur l'avant-scène.

DURET, (Mde.)

Ci-devant au théâtre des Variétés étrangères.

Il ne s'agit point ici de la fille de madame *Saint-Aubin*, l'une de nos premières cantatrices; c'est de madame *Duret*, simple comédienne de province, que j'ai a entretenir mes lecteurs; . . . qu'ils se rassurent toutefois, ce que j'en vais dire ne sera pas long. Tournure peu élégante, figure régulière, mais triste et sans expression; diction passable; débit froid et lourd; de la décence dans le maintien; plus de dispositions pour le drame que pour la comédie. Au total, actrice médiocre, et dont on ne devroit dire ni bien ni mal.

D U V A L.

Théâtre des Variétés, boulevard Montmartre.

Voué aux rôles de *compères* dans toutes les pièces de Brunet, il est impayable par l'air de bonne foi avec lequel il se fait le *bardot* de tant de niaiseries.

M. . . . d.

É D O U A R D.

Théâtre de l'Impératrice.

Il joue ce qu'on appelle les *utilités* et je ne sache pas qu'on lui ait encore appliqué le *miscuit utile dulci.*

É D O U A R D.

Vaudeville.

C'est le plus grand acteur du Vaudeville ; il a au moins cinq pieds six pouces. Son long cou, sa taille élancée, ses joues creuses *et ses grands yeux, rou-*

lant dans leur orbite, le rendent propre à jouer les caricatures. Le rôle de l'inspecteur des chasses dans *Florian*, est le triomphe de cet acteur, qui affecte généralement un air magistral dont il est difficile de ne pas rire. Il n'est pas sans intelligence, et mériteroit peut-être de jouer plus souvent.

Quant à sa voix. . . Couci, couci.

E L L E V I O U.

Opéra-comique Feydeau.

Cet acteur marche de succès en succès, et jouit d'une brillante réputation. Comment cela ? Et pourquoi ?

Est-ce le chanteur, ou l'acteur que vous admirez le plus en lui ? ou bien applaudissez-vous également à son chant et à son jeu ?

Il y a quatre ou cinq ans cette question n'auroit embarassé personne, et chacun de mes lecteurs m'auroit répondu : « J'applaudis d'abord au chanteur. »

En effet, ce n'est pas son talent de comédien qui lui a originairement mérité la faveur du public ; ce fut la comparaison que l'on fit de sa voix avec celle de *Michu* ; on étoit à peu près convenu de dire : *Michu* est meilleur acteur, Elleviou chante plus agréablement.

Les rôles que celui-ci remplit avec tant de succès dans le Prisonnier, dans Adolphe et Clara, l'Opéra-comique, le Trente et quarante, et autres pièces d'un genre tout-à-fait moderne, avoient en quelque sorte, été dessinés sur lui ; ils n'exigeoient guères de l'acteur qu'une figure agréable, une taille élégante, des manières militaires et une bonne méthode de chant, pour nous broder de jolis rondeaux.

Les efforts qu'il avoit faits pendant long temps pour remplacer *Clairval* dans les *Evénemens imprévus*, pièce du bon genre de la comédie, lui avoient même si médiocrement réussi, qu'on en avoit pris occasion pour le condamner à ne jamais jouer les pièces de l'ancien répertoire, et le rabaisser au niveau des comédiens du nouveau style.

Elleviou s'est piqué d'honneur. Il a calculé en homme d'esprit les fâcheux effets que pourroient produire sur lui les approches menaçantes de la quarantaine, s'il n'avoit, pour se maintenir en vogue dans quelques années, que le talent fragile d'un chanteur et les avantages variables de la figure. Il a senti que la somme de talent nécessaire pour représenter avec succès, étant encore jeune, leste et bien fait, des personnages de fats et d'étourdis, pourroit devenir insuffisante, lorsque son âge et sa complexion, ne se trouveroient plus analogues à la physionomie de ces rôles; enfin il s'est sérieusement décidé à faire de nouvelles études, et cette louable résolution lui a réussi; son talent a pris une consistance indépendante de la mode. C'est maintenant l'acteur et le chanteur que nous applaudissons alternativement en lui; et nous serions trop dans l'embarras, s'il nous falloit absolument, opter entre l'un et l'autre.

Depuis deux ans surtout, Elleviou ne cesse de faire remettre au théâtre ces mêmes pièces de *Monsigni* et de *Grétry*, auxquelles il avoit si long-temps préféré les brillantes rapsodies de nos opéras *à l'italienne;* et l'accroissement de réputation que lui ont déjà valu les rôles de *Blondel*, du *Déserteur*, de *Félix* et de *Richard*, ne doit pas être pour lui à cet égard un médiocre sujet d'encouragement. Il n'avoit autrefois montré que de l'esprit et de la légèreté; il nous intéresse maintenant par la justesse, la vérité, la décence de son jeu; il ne chantoit que brillamment, aujourd'hui il chante avec ame; et l'on voit, par là qu'en perfectionnant son talent de comédien, il a tout naturellement perfectionné ses autres avantages. Tant il est vrai que l'expression juste et animée du sentiment des paroles ajoute nécessairement du charme aux morceaux de chant les plus parfaits. Elleviou a dû reconnoître la preuve de cette vérité dans l'espèce d'enthousiasme qu'il a toujours produit en chantant la romance de Blondel (*ô Richard, ô mon Roi !*) et cet air touchant du Roi et le Fermier, (*d'elle-même et sans effort.*) . . etc. Je ne sache pas de *cavatines*, ni de *rondeaux italianisés*, même dans les opéras de son ami *Nicolo*, qui lui aient jamais valu une aussi belle unanimité de bravos et d'applaudissemens.

Sa voix n'a pas un caractère bien décidé ; c'est une espèce de haute-contre mêlée de sons graves, mais heureusement très-flexible. La plupart des rôles de l'ancien répertoire qu'il a hérités de *Michu* et de *Dorsonville*, sont écrits un peu *trop haut* pour lui ; mais *il est avec, l'orchestre des accommodemens* ; et son adresse toute particulière, fait qu'il arrange tout au mieux.

E L O Y.

Académie Impériale de Musique.

Figure douce et intéressante, mais peu théâtrale. Haute-contre agréable, assez bonne méthode de chant. On désireroit qu'il fût meilleur acteur; il est à croire pourtant qu'avec un peu plus de hardiesse il parviendroit à se distinguer.

Eloy est élève du conservatoire.

E V È Q U E. (Mlle. l')

Ambigu-Comique.

Mademoiselle l'Evêque est au mélodrame, ce que mademoiselle Duchesnois est à la tragédie; et peut-être plus encore, car elle n'a pas de rivale. Elle se distingue principalement par de grandes démonstrations de sensibilité, mais les gens qui se disent connoisseurs, ceux qui portent jusqu'aux théâtres du boulevard leur caractère d'Aristarques, lui reprochent des vices de déclamation, et surtout le ton larmoyant dont elle débite presque tous ses rôles. Ce qu'aucun d'eux ne peut lui contester, c'est une intelligence rare, beaucoup de grace naturelle, et une parfaite connoissance de ce qui plaît à la multitude. W.... r.

EUGÈNE. (Saint)

Ci-devant au théâtre Français.

Figure agréable, taille élégante, organe sonore, plein et *mordant*. Ce jeune homme possède tous les avantages physiques que peut désirer un acteur destiné à jouer les seconds rôles de la tragédie; mais il ne soigne point assez sa diction, (surtout en ce qui concerne la prosodie), et il paroît n'avoir pas cette vive et prompte sensibilité qui, en se communiquant à l'ame du spectateur, y porte l'attendrissement, ou y fait éclater l'enthousiasme. On lui reproche aussi avec raison de vouloir imiter

Talma, et de rembrunir son organe, dont le timbre n'est pas naturellement *sombre*; ce défaut est d'autant plus choquant, que s'il est un emploi tragique, où la fraîcheur et la pureté argentine de la voix, soient, comme les graces de l'élocution, une qualité nécessaire, c'est celui des jeunes premiers. Une voix dure et travaillée ne dira jamais convenablement :

« Le jour n'est pas plus pur que le fond de mon
« cœur ».

PHÈDRE.

Ni :

« J'en atteste le Ciel, il sait mon innocence ».

MÉROPE.

Cet acteur a joué quelques rôles de seconds amoureux dans la comédie, et n'y a pas manqué d'intelligence; mais on lui auroit désiré plus de chaleur et un débit plus chaud, plus varié.

FANNI-BIAS.

Ballets de l'Académie impériale de musique.

Cette charmante élève de *Coulon*, promet une danseuse du premier ordre, dans le genre du demi-caractère. Ses débuts ont été très-brillans, et son succès est mérité.

FABVRE-GUIARDELLE, (Mde.)

Ballets de l'Académie Impériale de musique.

L'Académie impériale de musique compte parmi ses danseuses une douzaine de charmantes *artistes* que l'on revoit toujours avec plaisir, mais qui ne se distinguent pas asssez pour acquérir une grande réputation ; de ce nombre est madame *Fabvre-Guiardelle*, qui a pourtant tout ce qu'il faut de talent et d'avantages physiques pour aspirer au premier rang, lorsqu'il lui sera permis de prendre un libre essor.

FÉLICITÉ.

Ballets de l'Académie Impériale de musique.

L'une des plus agréables danseuses du second ordre.

FERRIÈRE, (Mde.)

Académie Impériale de musique.

Je sais bien que Dorat a dit :

Il échappe souvent des cris à la douleur
Qui sont faux à l'oreille et sont vrais pour le cœur.

Mais ces vers, en consacrant une licence dans certains cas extraordinaires, n'engagent point nos chanteurs à se la permettre sciemment, surtout quand ils n'atteignent pas, pour la rendre tolérable, le *nec plus ultrà* du pathétique. Il faut engager madame *Ferrière* à se le tenir pour dit ; et l'on pourra ensuite la complimenter sur l'expression piquante de sa figure, ainsi que sur son intelligence précoce. Elle nous a souvent fait plaisir dans le rôle d'Antigone

F I C H E T.

Vaudeville.

C'est un acteur parfaitement laid. Il faut l'être comme lui, ou ne pas s'en mêler. Il ne paroît pas au surplus se faire illusion à cet égard ; et ce qu'il y a de mieux, c'est qu'il ne néglige rien pour nous faire oublier sa figure. Son zèle, son travail assidu, lui ont déjà valu quelque succès assez brillans, et tout nous présage qu'il ne s'en tiendra pas là. Sujet précieux pour les caricatures et le baragouinage, et très estimé de ses camarades.

F I R M I N.

Théâtre de l'Impératrice.

Là !.. là ! messieurs ; un peu de modération je vous prie. Dans le temps que j'étois journaliste, et que je disois chaque matin mon avis sur les débutans et débutantes, je donnois très-volontiers des encouragemens à ce jeune Firmin, parce qu'il me paroissoit avoir du zèle, de la sensibilité, quelque intelligence et de la modestie; mais en vérité messieurs, ces semences d'éloges ont germé un peu trop rapidement, et les louanges énormes, innombrables qu'elles ont values à ce petit acteur, vont finir, si l'on n'y prend garde, par étouffer son petit talent.

La louange bien dispensée
Doit, pour *échapper aux railleurs*,
Etre semblable à la rosée
Qui féconde le sein des fleurs,
Et non à la pluie abondante
Qu'un sombre nuage produit,
Et qui, courbant la jeune plante,
Souvent la noie et la détruit.

Souriez, j'y consens, et j'applaudirai comme vous, aux premiers sujets d'espérance que vous donnera un jeune candidat, mais pour son intérêt, comme pour vous mêmes, ne vous hâtez pas de lui prodiguer, dès son début, toutes les marques d'admiration et d'enthousiasme que l'artiste consommé, que le grand maître a seul droit d'attendre de vous.

Ce qui vient de la flûte retourne au tambour, dit le proverbe populaire : ou si vous l'aimez mieux : *bien mal acquis ne prospère pas*. Pour qu'un homme opulent conserve sa fortune, il faut qu'il l'ait gagnée légitimement et avec peine; pour qu'un artiste soutienne sa réputation, il faut qu'il ait eu le temps de la mériter et de la fonder sur des bases solides. Mademoiselle Contat, Fleury, Lekain lui-même ont été sifflés à leur entrée dans la carrière théâtrale, et cette salutaire rigueur ayant *stimulé* leur zèle, multiplié leur énergie, ils ont fini par graver profondément leurs noms sur les tables historiques de notre scène. Combien de jolis acteurs, de petites-maîtresses *ado-ables*, ont reçu à leur début beaucoup plus d'*arrhes* que leur talent ne pouvoit jamais avoir de valeur, et finissent par payer bien chèrement ces avances trompeuses et imprudentes. La mode avoit légèrement écrit leurs noms sur le sable, un coup de sifflet a tout effacé.

Je me bornerai donc à louer quant à présent les apparences de sensibilité qu'offre le jeu de l'élève *Firmin*, ainsi que l'aisance assez naturelle de sa diction; et j'ajouterai qu'il lui manque encore de l'à-plomb, que son maintien n'est pas toujours gracieux, qu'il devroit mieux porter sa tête, et régler ses gestes, et qu'enfin, comme il n'a que de foibles organes, il doit redoubler de soins et d'étude pour masquer ce désavantage.

Les jeunes gens d'une complexion grêle devroient y regarder à deux fois avant que de se décider à jouer la comédie, mais une fois que le sort en est jeté, ils ne peuvent trouver de salut que dans l'exemple de Monvel

Qui sut à force d'art, remplacer la nature

Et se placer à la hauteur des plus grands comédiens.

FLEURY.

Comédie Française.

Laharpe dit en parlant de Bajazet, c'est la première des tragédies du second ordre. On pourroit dire plus justement de Fleury : il est le premier comédien du second emploi. Cette idée fut développée avec assez de raison il y a six ou sept ans, par un auteur qui avoit entrepris, comme nous aujourd'hui, la critique de tous les acteurs Notez qu'il y a six ans *Molé* vivoit encore, et qu'il se trouvoit même selon quelques amateurs à son plus haut degré de supériorité.

« Les personnes qui veulent avoir une idée assez exacte du talent de Fleur doivent le voir dans le *Conciliate* le *Dorval* des Victimes Cloîtrées (1). Dans la première de ces pièces, il déploie tout ce qu'il a de finesse, de *moëlleux*, d'aimable; dans la seconde, on peut juger de toute la chaleur de son ame. Nous osons dire qu'il atteint dans l'une et l'autre un degré de supériorité qu'aucun acteur ne pourra passer.

« Il est beaucoup d'autres rôles également convenables à son genre de talent; ceux où il faut un ton mielleux, galant et ironique, une sorte de patelinage, tel que le *Détieulet* de la *Gageure*; l'*Amant valet*, des *Jeux de l'amour*; le *Procureur arbitre*, et presque tous les amoureux du théâtre de *Marivaux*; ceux où il faut émouvoir le cœur par un grand fonds de sensibilité et par du pathétique, tels que

(1) Drame lugubre de Monvel, joué avec un succès prodigieux à l'époque de la révolution; *Fleury* qui remplissoit le rôle d'une des victimes, étoit d'une vérité effrayante.

le *Saint-Albin* du *Père de Famille* ; le *Dorval* du *Bienfait anonyme*, etc., etc. et enfin, ceux où il faut de la légèreté, de l'afféterie et du papillotage ; tels que le *Marquis du Cercle*, celui de la *Feinte par amour*, le *Chevalier à la mode*, l'*Homme du jour*, le *Marquis du Lauret* et l'*Homme à bonne fortune* ; mais, s'il va jusqu'à la perfection dans ces trois genres de comique, il n'a pas un succès égal dans les rôles à caractère, c'est-à-dire, dans ceux de célèbre Bellecour, si bien remplis aujourd'hui par *Molé*. Il est un peu foible du moins dans le *Damis* de la *Métromanie*, dans le *Comte d'Olban* et dans le *Dissipateur*. Nous pensons qu'il ne saisiroit pas facilement le caractère franchement prononcé de l'*Amant bourru*, et du *Misantrope* ; (1)

(1) La conjecture du Critique étoit fondée ; Fleury s'est essayé dans la plupart de ces rôles depuis la mort de Molé, et il y estresté bien audessous de ce grand comédien.

l'énergique sévérité de l'*Alceste* de Fabre d'Eglantine, le flegme insolent du *Glorieux*, et même les nuances si multipliées du *Méchant*, etc. Fleury tient son talent de son esprit et ne doit presque rien à la science. Aussi est-il facile de s'en apercevoir en examinant sa diction. Les rôles qui se rapprochent le plus de son caractère personnel, sont ceux qu'il rend avec le plus d'avantage, et il ne tire pas tout le parti desirable de ceux qui exigent une diction savante et des intentions profondes. Quoi qu'il en soit, nous croyons être justes dans notre appréciation, en le regardant comme le premier talent du second emploi, et en lui assignant sa place immédiatement après Molé. »

Il seroit encore plus superflu que difficile d'ajouter beaucoup de choses à cette critique modérée; toutes les personnes qui suivent aujourd'hui le théâtre, ont dû reconnoître qu'en effet, il n'y a pas dans le jeu de Fleury, cette manière large et flexible qui embrasse tous les genres de comédies, et se plie à toute les nuances. Sa voix a peu de souplesse ; sa physionomie, quoique très-spirituelle, ne convient qu'à un certain nombre de rôles ; et, puisque nous avons pris le parti d'être sévères, sa diction est souvent mal *phrasée* ; mais avec qu'elle finesse de tact, quelle sagacité, il saisit chaque intention comique des rôles de fats, de persiffleurs, d'impertinens et de ce qu'on appeloit il y a trente ans les *roués de la cour !* avec quel charme il fait valoir les *mots*, et particulièrement les épigrammes ! . . . .

Comme tout son maintien semble nous annoncer
Qu'au sexe incessamment il semble renoncer ;
Que chaque jour pour lui, fait éclore une intrigue
Qu'un plaisir trop goûté dégénère en fatigue ;
Comme il paroît enfin excédé de ses nœuds
Accablé de faveurs et *bien las d'être heureux* !

Quand il est bon, il est parfait ; mais il faut se hâter de le voir dans ses rôles favoris, dont quelques-uns commencent lui échapper : Fleury approche de la cinquantaine et s'éloigne de l'âge des petits maîtres. Après lui plus de comédie. Il est à cet égard *le dernier des Romains.*

FLORENCE.

Acteur retiré du théâtre Français.

Eh bien, messieurs, vous vous amusiez quelquefois aux dépens de ce bon Florence, vous le railliez sur la teinte mélancolique de sa figure, sur la forme courte et un peu biscornue de ses pauvres jambes, dont une avoit été cassée au service de la comédie, vous le turlupiniez enfin de mille et mille manières ; qu'avez-vous gagné à toutes ces mystifications ? Florence est retiré du théâtre, et quoiqu'il n'eût pas trop la mine d'un homme difficile à remplacer, on le regrette aujourd'hui dans presque tous ses rôles. Il avoit du moins l'intelligence, l'habitude de la scène ; il ne laissoit pas de faire assez heureusement ressortir le peu de beautés dramatiques confiées aux personnages-confidens ; et maintenant... *Bone deus !!!* il me faudroit une page de points *exclamatifs*, (je ne dis pas d'admiration) pour exprimer toute la pitié que vous causent à vous-mêmes ses déplorables successeurs.

Mais ce qu'on doit le plus regretter, dans la perte de Florence, c'est celle d'un *semainier perpétuel*, qui entendoit merveilleusement bien son affaire, qu'aucun obstacle ne décourageoit, qui finissoit toujours par concilier les intérêts de coulisses les plus incompatibles, et qui enfin pour me servir d'une expression passée en proverbe,

« Se seroit fait fesser sur la place publique »

plutôt que de manquer une seule fois l'occasion de servir utilement ses camarades. Ainsi le plus bel éloge que ceux-ci pussent faire de lui seroit de livrer à l'impression les bordereaux de recettes du temps où il dirigeoit leurs affaires, et ceux des années ultérieures.

Florence a encore d'autres titres à la reconnoissance de ses camarades. C'est lui qui a donné les premières leçons de déclamation à mademoiselle *Duchesnois* et qui l'a mise en état de recevoir ensuite avec fruit celles de M. Legouvé. Il a quelquefois triomphé de la paresse de mademoiselle *Bourgoin* en la forçant de travailler ses rôles et d'opposer au moins quelques succès réels à l'activité ambitieuse de mademoiselle Volnais. Mademoiselle *Georges* doit à Florence, la réforme de certains défauts qu'elle avoit contractés à l'école de mademoiselle Raucour, et le développement de plusieurs qualités essentielles, dont on ne lui soupçonnoit pas même le germe. Enfin ce *vieux comédien* tient chez lui une classe de déclamation où la plupart de nos jeunes débutans vont prendre et cultiver avec fruit le goût des bonnes traditions; car *Florence* les possède toutes et les rapporte, de mémoire, avec une incroyable fidélité.

FONTENAY.

Théâtre du Vaudeville.

Elève du théâtre de la rue de Thionville.

Se destine probablement à l'emploi de *Vert-pré*, c'est-à-dire, à celui des *caractères*.

Il n'a encore pour représenter les vieux personnages, ni les traits de la figure assez marqués, ni le son de voix assez naturellement grave.

Mais il se pénètre bien de l'esprit de ses rôles, et joue les détails avec intelligence.

Il faudra voir.

FRÉDÉRIC.

Théâtre du Vaudeville.

Ce jeune homme qui remplissoit naguères les rôles d'enfans, s'élève maintenant à la hauteur des Colins et autres amoureux innocens. Il n'est pas sans intelligence, ni sans habitude de la scène; mais le son de sa voix pourroit être plus flatteur, et il faut qu'il apprenne à chanter.

On l'appeloit en premier lieu le petit Blosseville, du nom de madame Blosseville, sa *maman*.

FRÉDÉRIC.

Ci-devant aux Variétés étrangères.

Il joue les amoureux, et quelquefois les caractères; son talent comique se réduit à peu de chose. On n'y trouve guère à louer que la pureté de sa diction, car sa figure manque de gaîté, et son débit est presque nul; mais il est aisé de reconnoître en lui un homme de sens, modeste et bien élevé, qui n'est pas étranger à la littérature. En effet, il compose des pièces très-passables pour les théâtres du boulevard, et elles donnent sujet de regretter qu'il ne porte pas ses prétentions plus haut.

Le rôle où il a, jusqu'à ce jour, obtenu le plus de succès, est celui du membre de la chambre des communes, dans les *Mœurs de Londres* ou le *Bon ton*; la foiblesse de sa poitrine et le caractère mélancolique de sa figure, le rendent parfaitement propre à représenter ces sortes de personnages débiles, qui tiennent moins de l'homme que de la femme.

FUSIL.

Ci-devant au théâtre de la Porte Saint-Martin.

Bon pour les rôles de *compères* et les caricatures.

FIN DU PREMIER VOLUME.

www.ingramcontent.com/pod-product-compliance
Ingram Content Group UK Ltd.
Pitfield, Milton Keynes, MK11 3LW, UK
UKHW021827190726
13853UKWH00003B/1236

9 782329 604381